DESSINER LE CORPS HUMAIN

Titre original en langue espagnole : *El Grand Libro de la Figura Humana*

Publié par Parramon Paidotribo, S. L., Badalona, Espagne

Dépôt légal : février 2014
ISBN : 978 2 215 14794 7
MDS : 591730

Textes : Gabriel Martín Roig
Illustrations : Vincenç B. Ballestar, Miquel Ferrón, Mercedes gaspar, Gabriel Martín, Esther Olivé de Puig, Joan Raset et Óscar Sanchís
Photographies : Nos & Soto
Édition française : Céladon éditions
Traduction : Hélène Ladjadj pour Céladon éditions
Fabrication : Sagrafic, S. L.
Imprimé en Chine

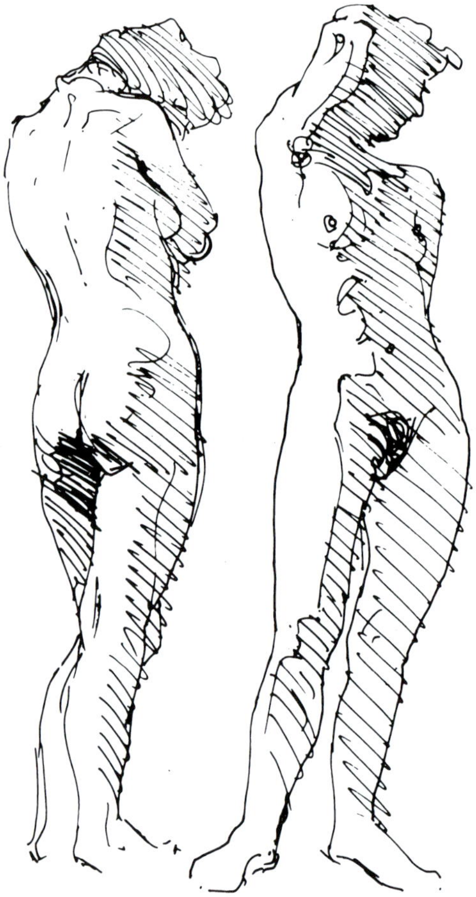

DESSINER LE CORPS HUMAIN

Anatomie

Portrait

Mouvements

Expressions

FLEURUS
www.fleuruseditions.com

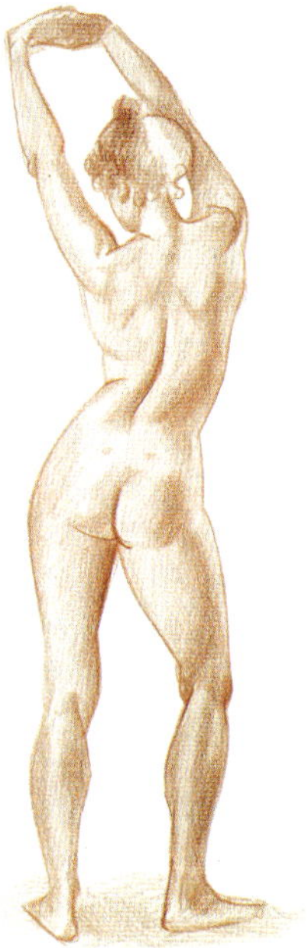

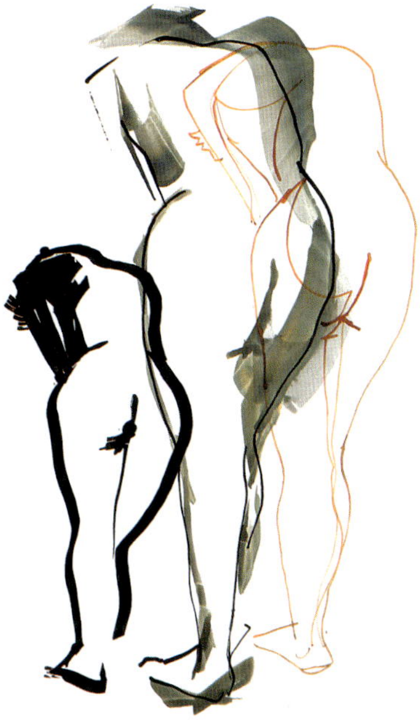

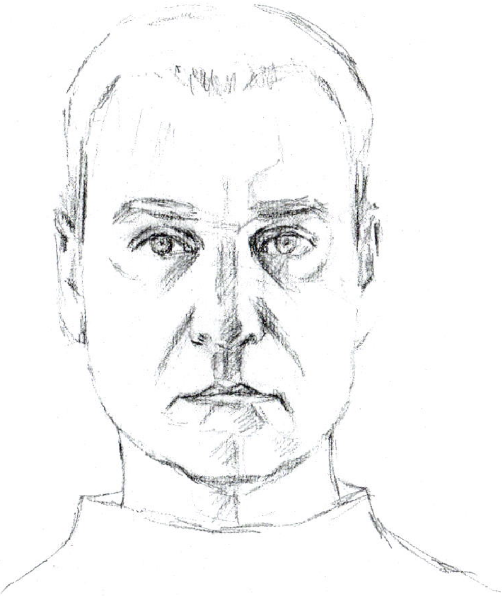

Le corps humain : un vrai défi pour l'artiste

La représentation de la figure humaine suscite toujours de l'admiration et a une importance majeure dans les techniques du dessin. Cela explique sans doute pourquoi elle est toujours au programme des écoles d'art. Le dessin de modèle vivant est en effet un exercice fondamental pour l'étudiant en art, car il stimule son sens de l'observation tout en lui permettant de développer ses aptitudes à représenter les proportions. La figure humaine, tout comme le portrait, est l'un des genres les plus difficiles, obligeant l'artiste à mobiliser toutes ses capacités et ses connaissances. Autrement dit, celui qui parvient à dessiner correctement un corps humain nu sera parfaitement à même de traiter tous les genres artistiques.

La représentation du corps humain est un exercice complexe, nécessitant une bonne compréhension des formes et bien des heures de pratique. L'artiste doit se concentrer sur la structure, l'anatomie du corps et respecter un ensemble de proportions sans aucune marge d'erreur. Le dessin de la figure humaine présente une difficulté supérieure à celle des autres types de dessins parce qu'il exige une extrême précision et que la moindre erreur ne pardonne pas. Si l'on dessine un arbre, peu importe que l'on respecte exactement sa forme car elle ne dépend pas de proportions spécifiques : une branche minuscule ou au contraire immense ne semblera pas étrange pour le spectateur puisque les variations de dimensions et de longueur n'ont rien d'anormal dans la nature ; en revanche, la figure humaine possède des caractéristiques très précises et la moindre disproportion saute aux yeux.

Pour obtenir une représentation convaincante, il n'est pas nécessaire de dessiner systématiquement un corps fidèle aux normes académiques ; on peut en donner une interprétation moins stricte, plus spontanée et plus sensible. Néanmoins, pour qu'une interprétation libre, esquissée, fonctionne, il est indispensable qu'elle s'appuie sur la connaissance de l'anatomie du modèle. Il y a toujours une intention artistique et esthétique au-delà de la simple déformation ou représentation aléatoire du sujet en question. Ainsi, si sensible et suggestive que soit la représentation, l'aspect humain reste incontournable et les comparaisons établies par le spectateur sont inévitables.

La figure humaine

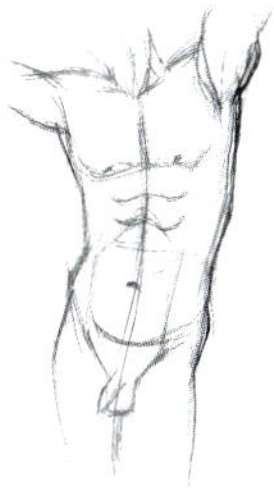

La figure humaine est un volume solide, soumis à des mesures précises définissant l'harmonie de l'ensemble. Le dessin doit être bien préparé, exécuté de façon rationnelle et compréhensible et doit identifier, représenter et situer les structures fondamentales du corps pour que le tout compose un ensemble harmonieux.

Il faut donc commencer par les bases – l'étude de la structure et des proportions – enfin la synthèse de la figure humaine. L'objectif est d'offrir à l'artiste amateur des conseils destinés à faciliter sa compréhension afin de parvenir à une représentation adéquate. Ainsi, on définira quelques règles ou préceptes fondamentaux pour aider à dessiner le corps de façon cohérente et équilibrée. Les principes exposés ici, s'ils ne sont pas respectés à la lettre par tous les peintres et dessinateurs, constituent néanmoins une référence très utile pour aborder le genre avec une garantie de résultat.

Eugène Delacroix (1798-1863), croquis. La synthèse de la figure s'avère très précieuse pour le dessinateur car elle lui permet de croquer divers modèles en quelques secondes.

La structure et **la représentation**

Sans une connaissance minimale des proportions du corps humain, de son anatomie, de la construction de ses membres, des effets de l'ombre et de la lumière sur la peau, sans une analyse profonde qui commence par des études et des croquis, il est pratiquement impossible de le dessiner ou de le peindre.

Cela ne veut néanmoins pas dire que, pour le représenter correctement, il faille entreprendre une étude exhaustive et scientifique de l'anatomie osseuse et musculaire. Ce livre aborde les difficultés liées à la représentation du corps avec des schémas simples qui présentent une synthèse des formes fondamentales et permettent de dessiner l'anatomie à l'aide de structures qui s'adaptent au corps pour fournir une image reconnaissable et convaincante du modèle. Quelques schémas permettent ainsi de marquer les points les plus significatifs du corps, en veillant au respect des proportions, afin que l'équilibre entre les diverses composantes soit correct.

Dessiner le corps humain : les trois étapes

La compréhension de la figure humaine se résume à trois étapes essentielles. La première est l'observation attentive du modèle et la captation de la forme et de sa structure. Pour la deuxième étape, les connaissances anatomiques de l'artiste sont mises à l'épreuve : il faut reconnaître les formes déjà dessinées et les modifier pour les ajuster, de façon correcte et précise, à la physiologie humaine telle que nous la connaissons. La troisième étape consiste à donner une expression artistique, c'est-à-dire à sélectionner l'information à mettre en valeur dans le dessin et celle qui sera atténuée pour s'éloigner de l'étude scientifique précise, trop académique, et apporter une certaine fraîcheur, de la spontanéité et une sensibilité propre. C'est ce que l'on appelle l'interprétation personnelle de l'artiste.

Le mannequin articulé

Un petit mannequin articulé, en bois, permet à l'artiste de se familiariser avec les proportions de la figure humaine. Les éléments qui le composent donnent une idée du volume réel du corps humain et sa manipulation facilite la compréhension de la structure de la figure, en offrant une sorte de schéma en trois dimensions.

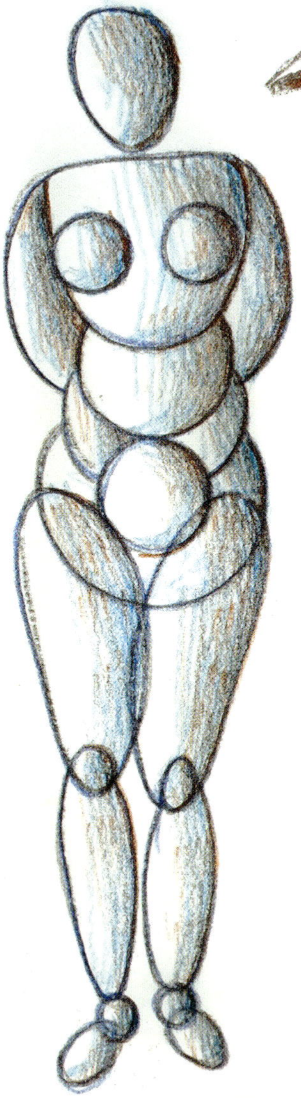

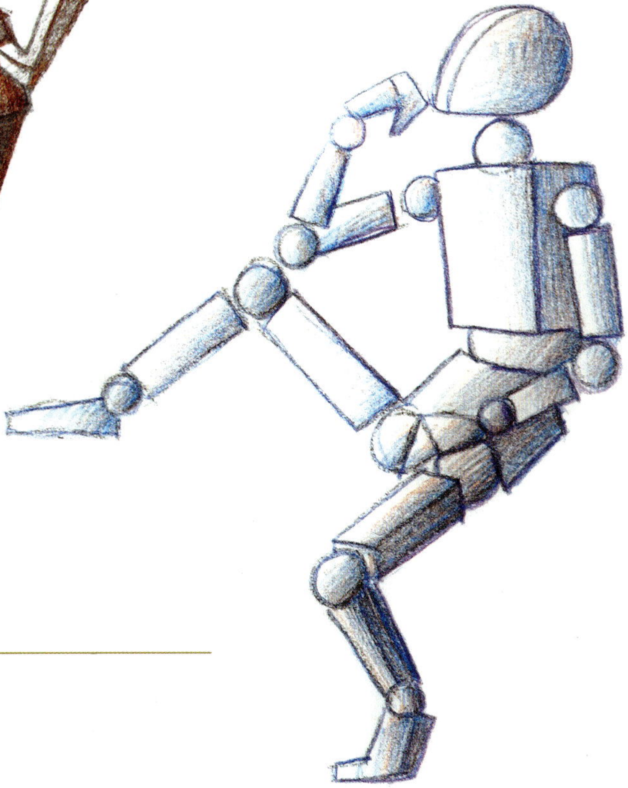

Diverses façons de structurer le corps à partir de formes géométriques simples. L'ajout d'une ombre légère apporte un effet de volume.

Notions des proportions humaines

Pour se lancer dans l'étude du nu, il faut établir quelques règles générales qui permettront de dessiner tous les types de physiques à partir d'un ensemble de proportions. On peut décrire ce système comme une série de relations entre les dimensions de chaque partie du corps par rapport au corps entier. Cela permet d'établir une régularité de ces dimensions et mesures, autrement dit un idéal du corps masculin et un autre du corps féminin, en position debout.

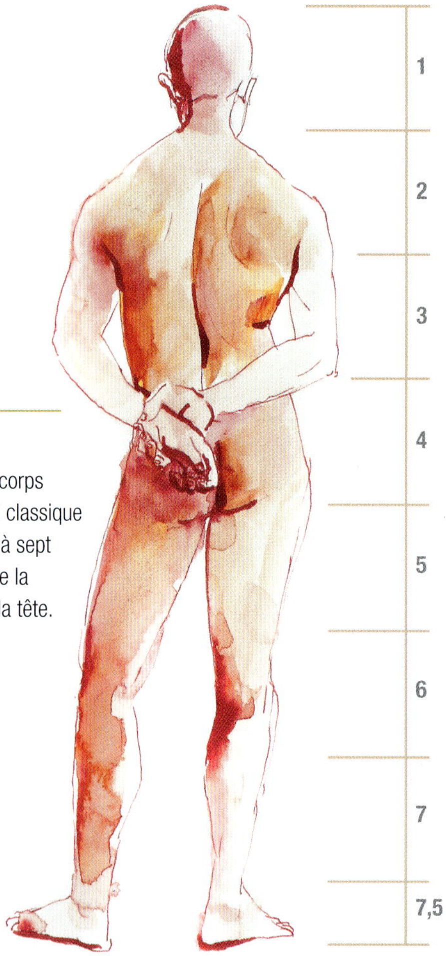

La taille du corps selon l'idéal classique correspond à sept fois et demie la hauteur de la tête.

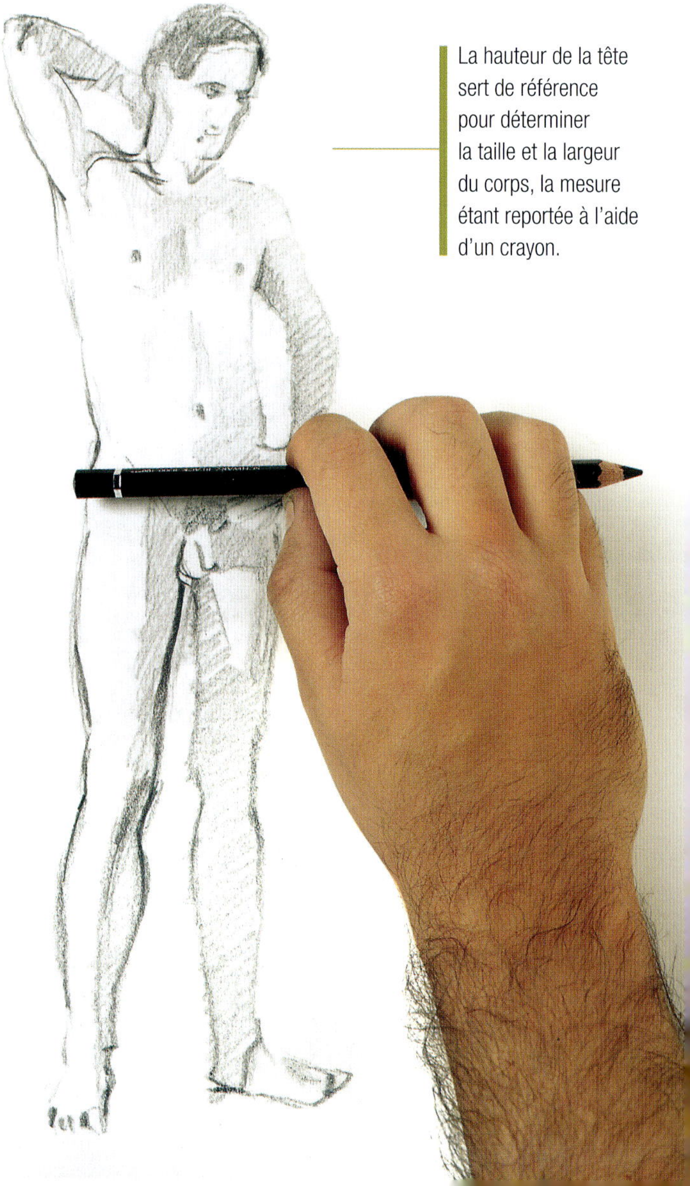

La hauteur de la tête sert de référence pour déterminer la taille et la largeur du corps, la mesure étant reportée à l'aide d'un crayon.

Les mesures idéales

Cette façon de dessiner la figure humaine est issue d'un système de mesures adopté à l'époque de la Grèce classique et qui s'est perpétué jusqu'à nos jours. Pour ce canon idéal, l'unité de mesure est la hauteur de la tête, qui correspond à une division baptisée « module » ; la taille du corps entier doit ainsi mesurer l'équivalent de huit fois ledit module en hauteur et deux fois en largeur, même si, en réalité, avec sept modules et demi on obtient un résultat plus naturel.
Ce système permet de repérer aussi d'autres points clés qui seront fort utiles pour comprendre l'anatomie et faciliteront la représentation du corps : la position des aisselles, du nombril, des mamelons, de la taille, des coudes, du pubis ou des cuisses, qui coïncident avec quelques-unes des divisions du système modulaire.

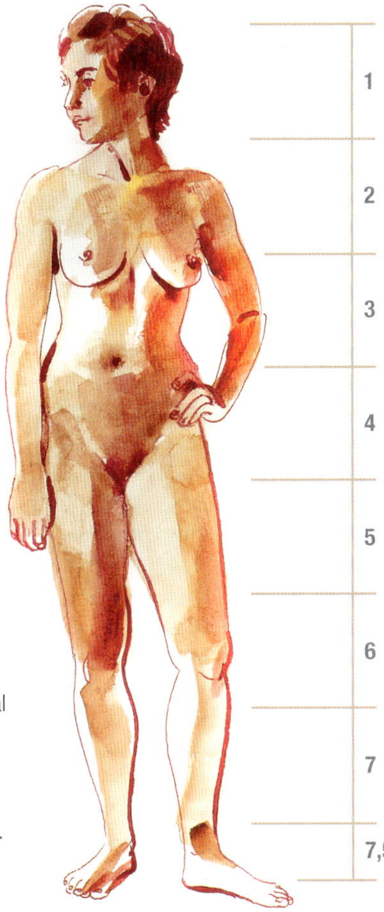

Le corps féminin conserve les proportions de l'idéal masculin, mais les épaules sont plus étroites et les hanches plus larges.

Le corps féminin

Les différences morphologiques par rapport au corps masculin sont principalement une largeur moindre des épaules et un bassin plus large. La stature présente quelques centimètres en moins, mais la règle des sept têtes et demie s'applique bien. Il faut également noter d'autres différences comme la poitrine, plus basse que chez l'homme, la taille, plus étroite, et la cambrure du dos un peu plus marquée, ce qui fait ressortir les fesses. Le profil du corps offre des courbes douces, liées au relief musculaire.

LE CORPS IDÉAL EST UNE VISION STANDARDISÉE QUI NE CORRESPOND À AUCUN INDIVIDU, MAIS REPRÉSENTE UNE VERSION IDÉALISÉE DE L'HOMME ET DE LA FEMME.

Le corps enfantin

L'anatomie des enfants est marquée par une tête plus volumineuse par rapport au corps. Jusqu'à deux ans, la taille d'un enfant équivaut à quatre fois sa tête, les jambes semblant relativement courtes. À cinq ans, la tête reste proportionnellement très grande et la taille de l'enfant atteint cinq modules. À la pré-adolescence, la stature est de six fois et demie la tête et le milieu du corps se situe à la hauteur du pubis. Outre le respect des proportions, le dessin du corps de l'enfant doit avoir des formes arrondies sans traits anguleux ni trop rectilignes.

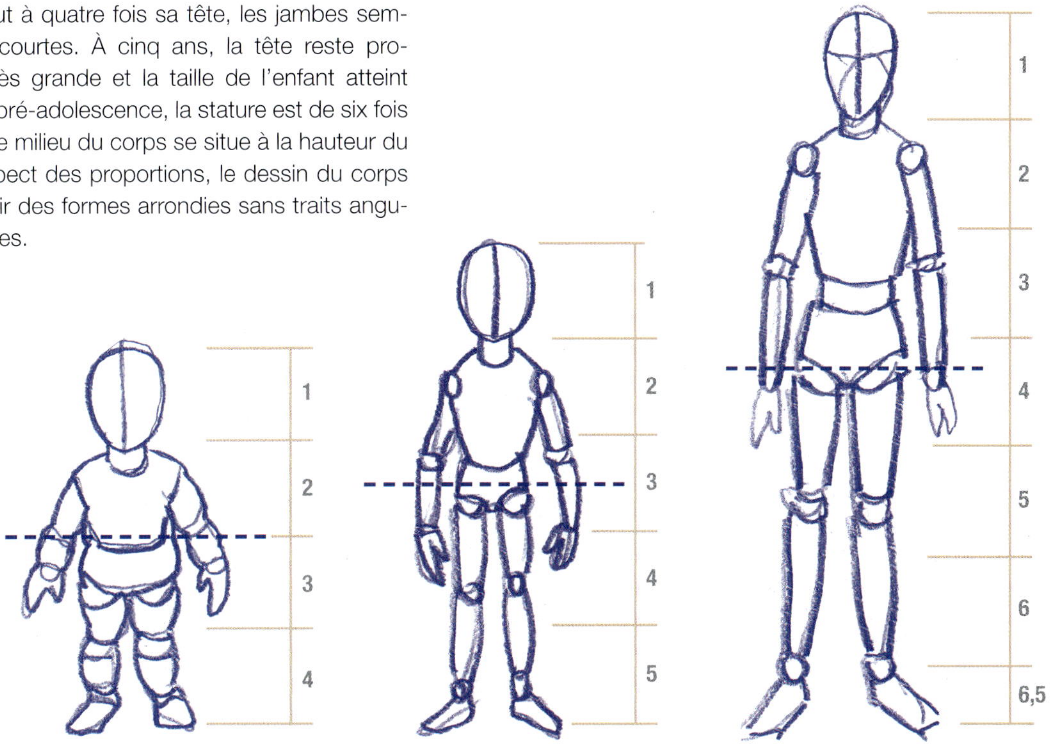

Au fur et à mesure que l'enfant grandit, sa tête diminue en proportion et la ligne médiane du corps descend plus bas que le ventre.

Éléments d'anatomie du corps humain

Nombre d'artistes ont su créer des corps parfaits sans connaître l'anatomie, simplement en observant et en dessinant à partir d'un modèle vivant. Mais, le corps étant le thème récurrent de ce livre, il n'est pas inutile de posséder quelques notions d'anatomie artistique. Dans cette partie, nous présentons la structure interne du corps humain comme un ensemble articulé et proposons quelques stratégies pour transformer des formes anatomiques complexes en formes simplifiées, plus faciles à retenir et à reproduire.

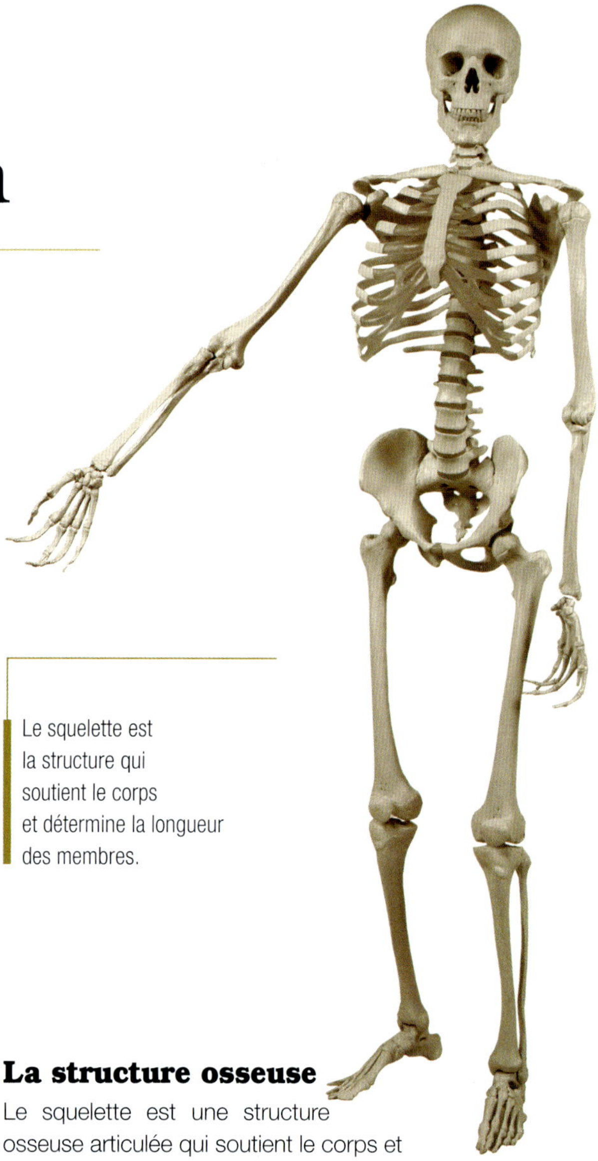

Le squelette est la structure qui soutient le corps et détermine la longueur des membres.

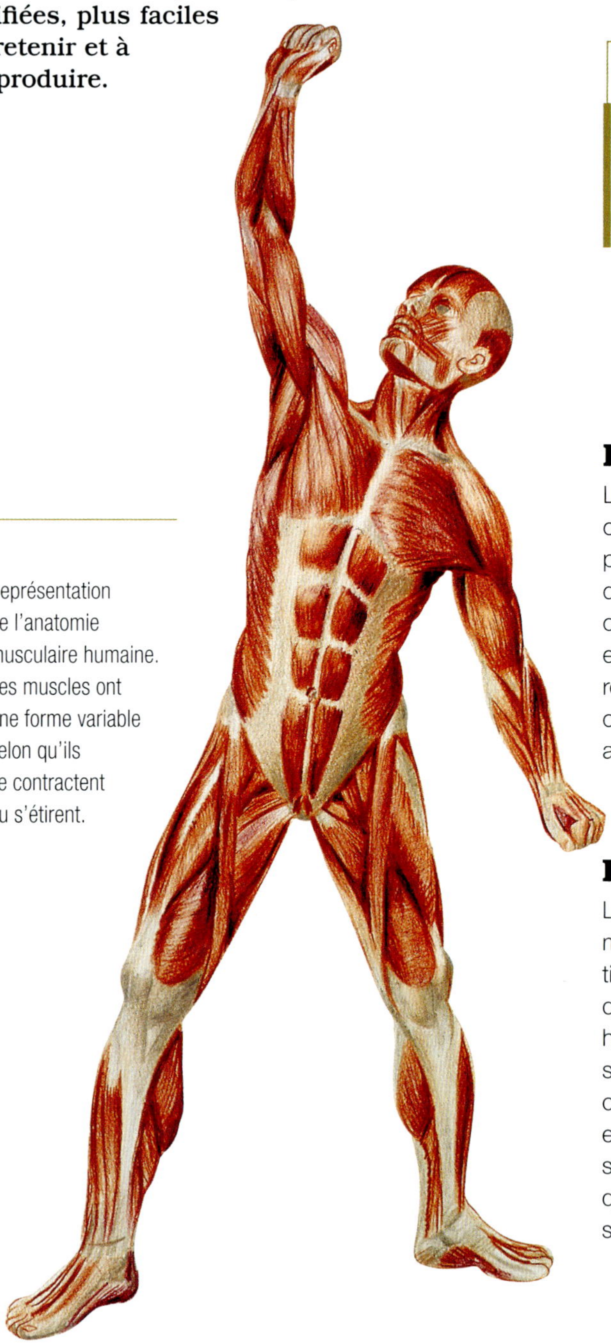

Représentation de l'anatomie musculaire humaine. Les muscles ont une forme variable selon qu'ils se contractent ou s'étirent.

La structure osseuse

Le squelette est une structure osseuse articulée qui soutient le corps et protège les organes vitaux internes. Pour dessiner, nul besoin de retenir la forme de tous les os du corps, mais seulement celle de ceux du crâne, des mains, de la cage thoracique et des petits os du pied. Les grands os sont complètement recouverts par les muscles, aussi ne fait-on que les deviner ; cependant, il faut connaître leur longueur et le point de leur articulation, qui correspond généralement aux plis de la peau.

La musculature du corps

Les muscles sont des masses de fibres élastiques qui permettent le mouvement du corps par étirements et contractions ; ils recouvrent tous les os, superposés ou entrelacés, ce qui complique quelque peu leur identification et leur compréhension. Les formes que nous voyons à la surface du corps sont dues au volume de toutes les masses musculaires, y compris les plus profondes, mais ce sont bien sûr les plus externes qui ont le plus d'intérêt pour l'artiste. Un homme présentera une musculature plus marquée et plus volumineuse qu'une femme, dont le corps possède une couche de graisse sous-cutanée qui adoucit les lignes.

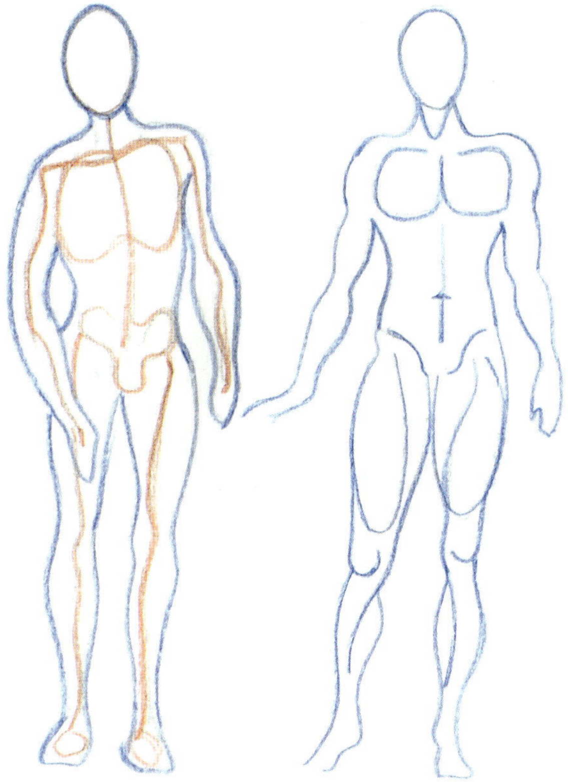

Le corps se construit par l'association de la structure du squelette interne et du relief externe dû aux muscles.

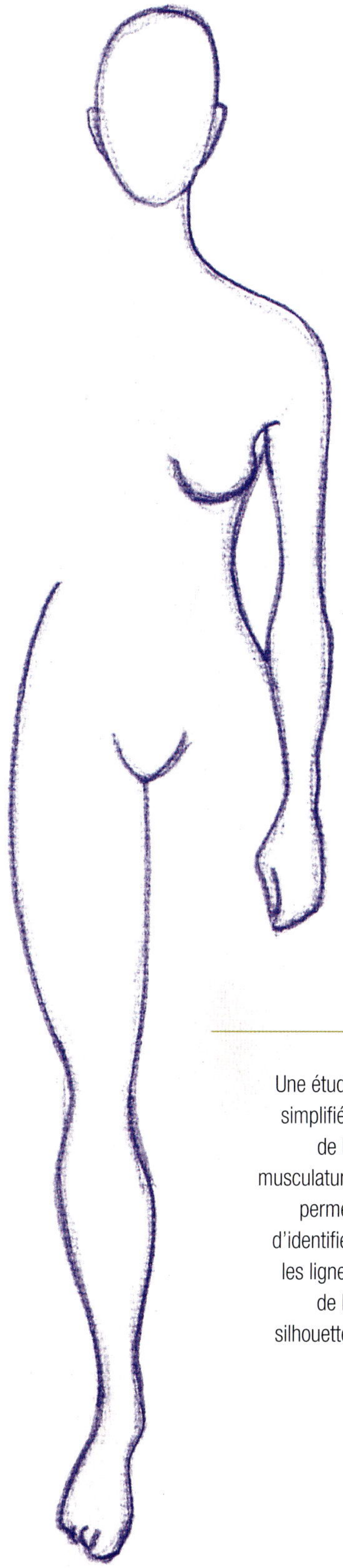

Une étude simplifiée de la musculature permet d'identifier les lignes de la silhouette.

Une interprétation synthétique

Chaque muscle possède une forme caractéristique qu'il est bon de retenir, au moins de façon schématique, car c'est de ces muscles que dépend l'aspect extérieur du corps. Une bonne méthode pour s'en souvenir consiste à les réduire à des formes simples que l'on décompose pour pouvoir les emboîter comme un puzzle. Ensuite, on peut tracer le contour, défini par le relief de la masse musculaire. Il faut étudier attentivement la forme adoptée par les courbes du profil du corps masculin et féminin ; concernant ce dernier, le bras et l'avant-bras sont construits par des courbes qui se resserrent au poignet et s'élargissent vers le coude, tandis que la hanche dessine une grande parabole qui se termine juste au-dessus du genou.

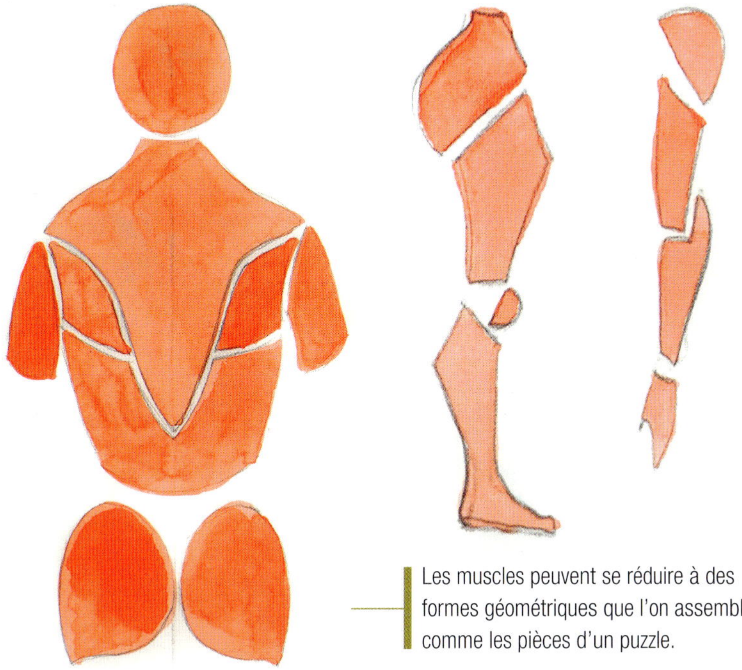

Les muscles peuvent se réduire à des formes géométriques que l'on assemble comme les pièces d'un puzzle.

Construire **la tête**

La tête est la partie du corps qui s'avère la plus intimidante pour l'artiste, car en faire un dessin précis et juste exige certaines aptitudes. Mais si l'on fait abstraction du portrait, avec sa nécessité de ressemblance, et si l'on respecte quelques paramètres précis, la construction de la tête, en tant que volume, devient alors assez simple. Elle doit être étudiée, comme les autres formes de l'anatomie, à partir de proportions fondamentales qui donnent, à l'homme comme à la femme, leur apparence humaine.

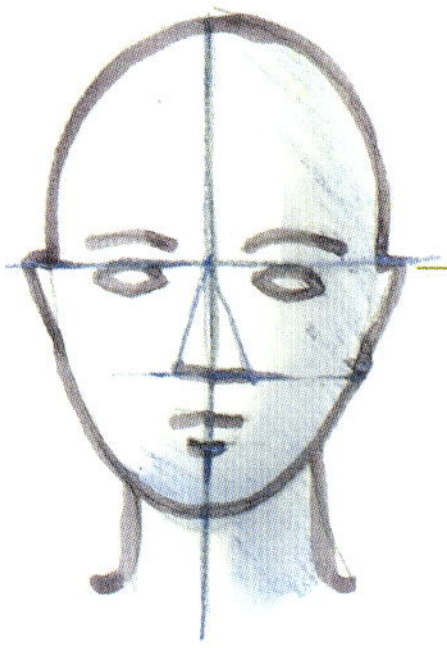

Un ovale et un axe vertical constituent les principales références pour dessiner une tête de manière simplifiée.

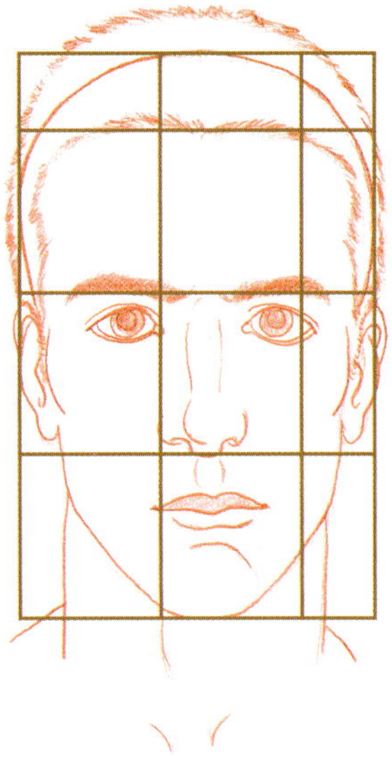

Le modèle idéal de la tête humaine est composé de trois modules et demi de hauteur et deux et demi de largeur.

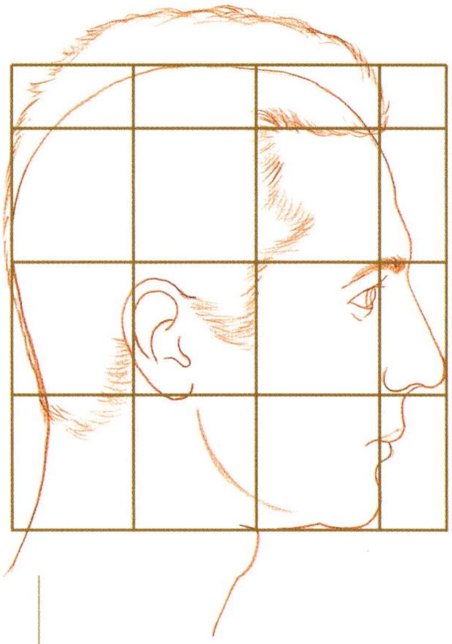

La tête de profil s'inscrit dans un carré de trois modules et demi de haut et de large. La longueur du nez coïncide avec celle de l'oreille.

La tête en quelques lignes

Il est très facile de réaliser un dessin simplifié d'une tête. Vue de face, la tête est ovale, tandis que, de profil, elle est un peu plus arrondie. Pour la vision frontale, si on trace une ligne verticale divisant le visage en deux, on détermine un axe de symétrie qui permet de placer les traits de façon correcte. À partir de cette ligne, on place des lignes horizontales correspondant à la naissance des cheveux, ainsi qu'à la hauteur des yeux, du nez et de la bouche.

Structure et proportions

Lorsque l'artiste se demande à quelle hauteur il doit placer les yeux, la bouche ou le nez, il est assailli par bien des doutes… mais ceux-ci se dissipent s'il se réfère au modèle idéal de la tête humaine. Les proportions correspondent à trois modules et demi de haut sur deux modules et demi de large. En divisant le module inférieur en deux moitiés, on obtient la ligne inférieure de la bouche. La largeur des yeux est égale à l'espace qui les sépare, la naissance du nez. La tête de profil est plus ronde et tient dans un carré de trois modules et demi de côté. Les divisions horizontales appliquées à la tête vue de face coïncident sur la tête de profil, puisqu'il s'agit de modules de mêmes dimensions.

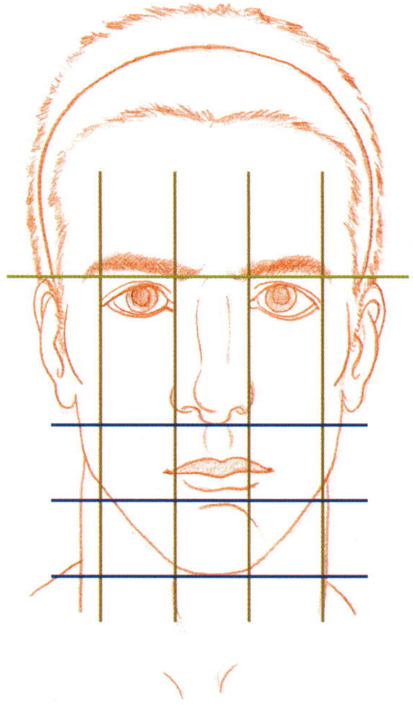

Notez que la distance entre les deux yeux est égale à la largeur d'un œil et que la base des lèvres coïncide avec la ligne qui divise le module inférieur.

Une façon de comprendre la structure de la tête et son volume consiste à la dessiner à partir d'une recréation géométrique, en ombrant les facettes moins éclairées.

Les plans volumétriques

Un exercice simple de synthèse consiste à construire la tête avec des plans géométriques, ce qui va permettre de mieux en comprendre la structure, le volume et les ombres. Les formes rondes disparaissent complètement pour laisser place à des surfaces planes et les arêtes donnent une apparence quasi robotique au visage. Ce travail de construction s'accompagne de l'ajout d'ombres légères qui peuvent s'avérer très utiles pour la représentation des tons chair. Le travail se rapproche ainsi des ombres sur un polyèdre avec une gradation de la tonalité : les plans les plus exposés à la lumière offrent une couleur rose pâle tandis que les moins éclairés sont d'un marron sombre. En toute logique, la zone des cheveux a une couleur distincte de celle du visage, et le creux des yeux et le profil du nez sont plus sombres.

L'EXPRESSION PSYCHOLOGIQUE DE LA FIGURE HUMAINE SE LIT PRINCIPALEMENT SUR LE VISAGE, AUSSI L'ARTISTE DOIT-IL ÊTRE PARTICULIÈREMENT ATTENTIF LORSQU'IL LE DESSINE.

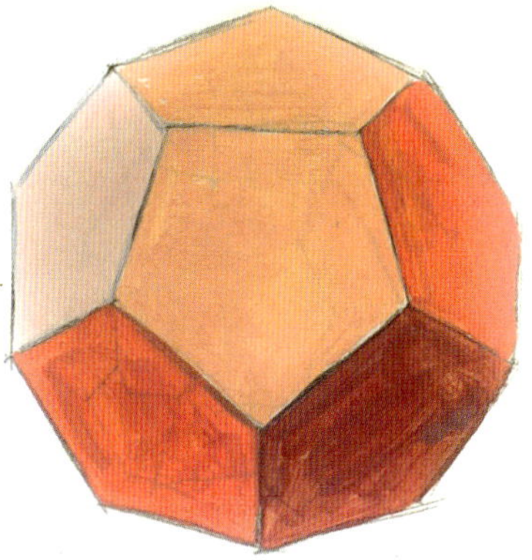

Pour comprendre la construction des plans de la tête et l'incidence de la lumière, prenez un polyèdre pour référence.

Comme sur la forme polyédrique, on place les ombres des têtes en appliquant le même principe de variation des tons.

Dessiner le torse, **de face et de dos**

Pour comprendre le torse humain, il faut être attentif aux divisions du modèle idéal qui coïncident avec certains détails ou reliefs cutanés (poitrine, nombril, pubis...). On définit d'abord un axe vertical divisant le torse en deux moitiés symétriques, puis, à partir des proportions de référence, on place les traits anatomiques principaux. Il est essentiel de connaître ces mesures pour obtenir un dessin bien proportionné.

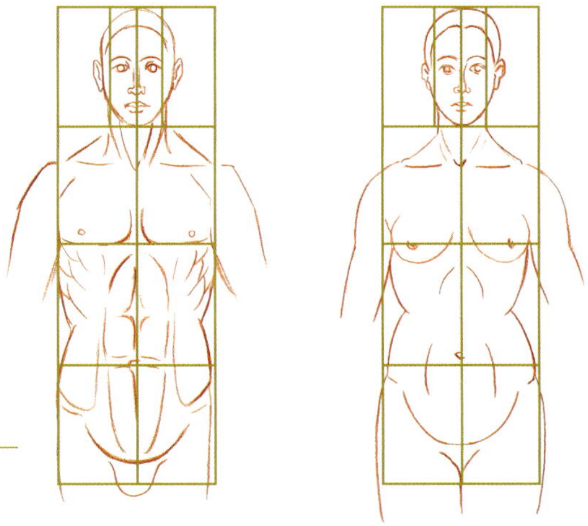

Le torse masculin vu de face occupe trois modules en hauteur. Les proportions du torse de la femme sont similaires, à quelques variations près quant à la largeur et à la disposition de certains détails anatomiques.

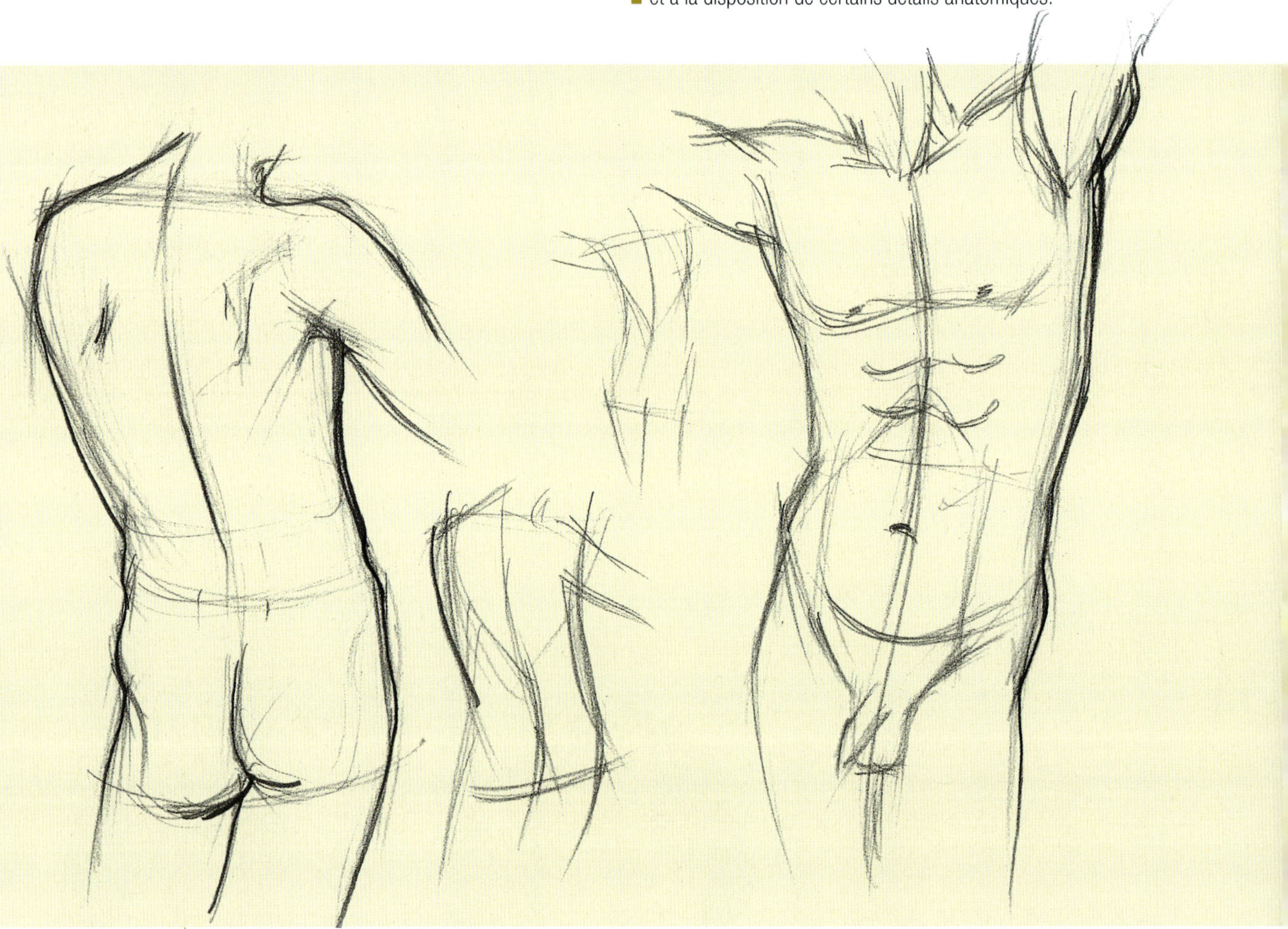

Le cou apporte une grande expressivité au torse, aussi est-il souvent représenté incliné, brisant ainsi la symétrie marquée par la colonne vertébrale.

Le torse vu de face

Le torse occupe trois modules de la norme académique, autrement dit sa taille équivaut à trois têtes. Sur le corps masculin, le module supérieur correspond au cou et aux pectoraux ; le module central commence sous la ligne inférieure des pectoraux et finit au nombril ; enfin, le module inférieur va du nombril au pubis. Le corps féminin présente la même répartition, mais la poitrine descend généralement sous la limite du module supérieur et le torse est plus étroit. Le torse masculin est plus musclé et plus épais que celui de la femme, dont le contour en courbes est rendu par un tracé continu.

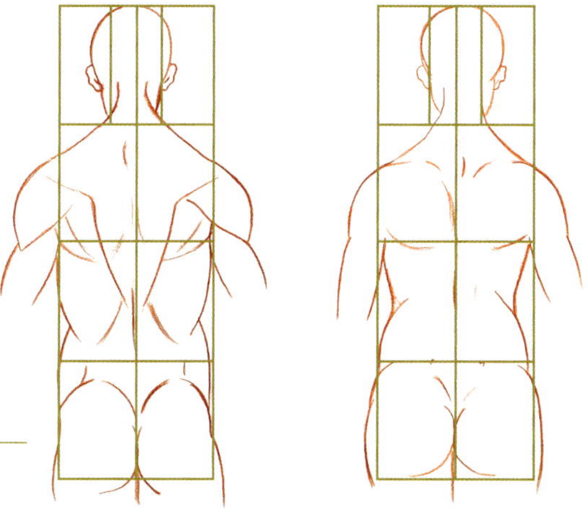

Principales caractéristiques anatomiques du torse masculin vu de dos ; identifiez-les et observez comment elles s'insèrent dans chaque module. Faites de même avec le torse féminin vu de dos. Observez les lignes plus arrondies que chez l'homme.

Le torse vu de dos

En observant les croquis du corps humain vu de dos, on constate que la colonne vertébrale constitue l'axe de symétrie et la ligne sur laquelle se placent les repères fondamentaux, sachant que le module supérieur va de la zone postérieure du cou jusqu'aux omoplates. Cela forme le relief principal du dos, encore plus visible quand le modèle a les bras écartés. Le module central va de la base des omoplates jusqu'au-dessous de la taille. Celle-ci est mieux définie de face, le dos formant un tout continu jusqu'au bas de la zone lombaire. Le dernier module englobe les muscles fessiers.

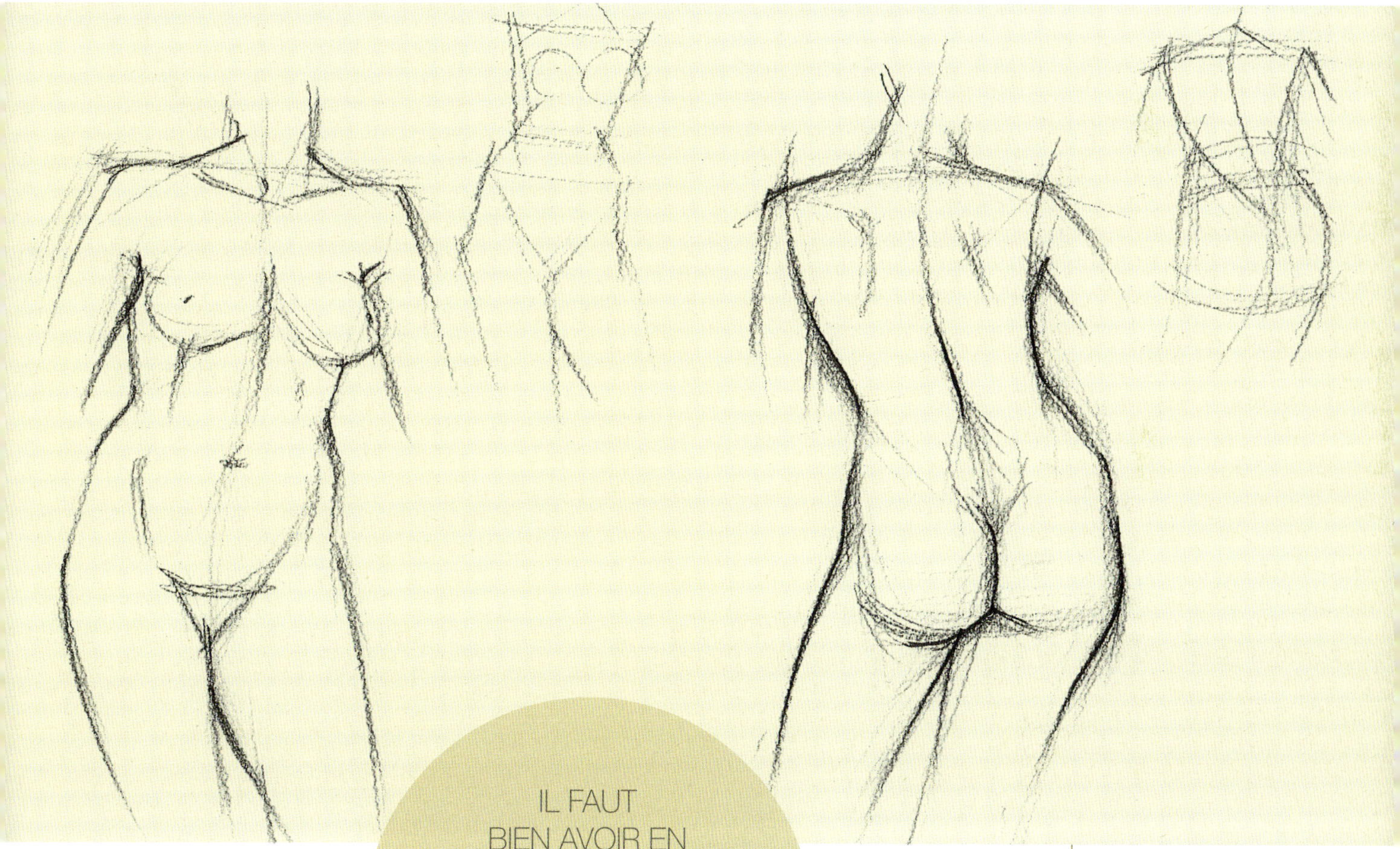

IL FAUT BIEN AVOIR EN TÊTE LES VOLUMES DU TORSE POUR DESSINER TOUTES SES LIGNES DE FAÇON DÉTENDUE ET AVEC UNE TOTALE LIBERTÉ.

Le torse féminin présente des contours souples aux courbes prononcées et des hanches marquées.

Dessiner **les membres**

Le dessin des bras et des jambes comporte quelques difficultés qui peuvent être surmontées à l'aide d'un croquis bien proportionné. Les éléments principaux du bras se placent dans un schéma de six modules, le coude étant situé juste au milieu tandis que le poignet coïncide avec la limite supérieure du dernier module. La jambe peut être esquissée à partir de quatre modules, le genou étant situé juste au milieu de la longueur. En partant des croquis illustrant ce texte pour travailler avec un modèle vivant ou une photographie, on obtient des dessins anatomiquement justes.

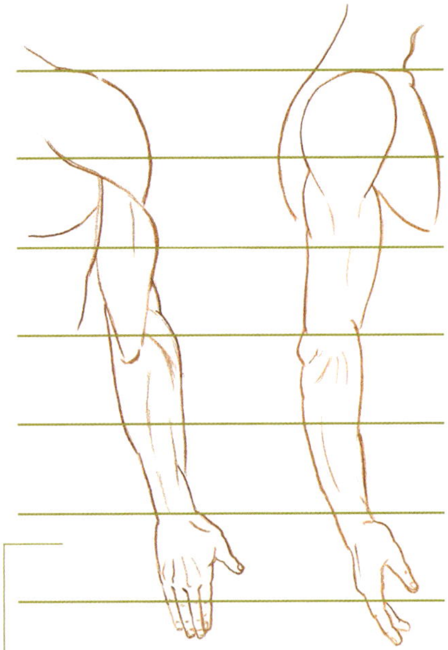

Le bras tendu, vu sur sa face postérieure ou sa face externe, se construit à partir d'une grille de six modules.

Les membres supérieurs

Ils partent de l'épaule, soulignée par le muscle deltoïde ; ensuite le bras doit son volume à la présence du biceps et du triceps. L'avant-bras part du coude, s'élargit légèrement puis devient progressivement plus étroit jusqu'au poignet, zone la plus fine des membres. Le bras est un peu plus long que l'avant-bras qui est, à son tour, un peu plus long que le double de la longueur de la main. Le bras féminin se distingue nettement du bras masculin par l'absence de musculature proéminente, une ligne d'ensemble plus régulière et un profil plus délicat. Il présente un rétrécissement plus marqué à l'articulation du coude et au poignet.

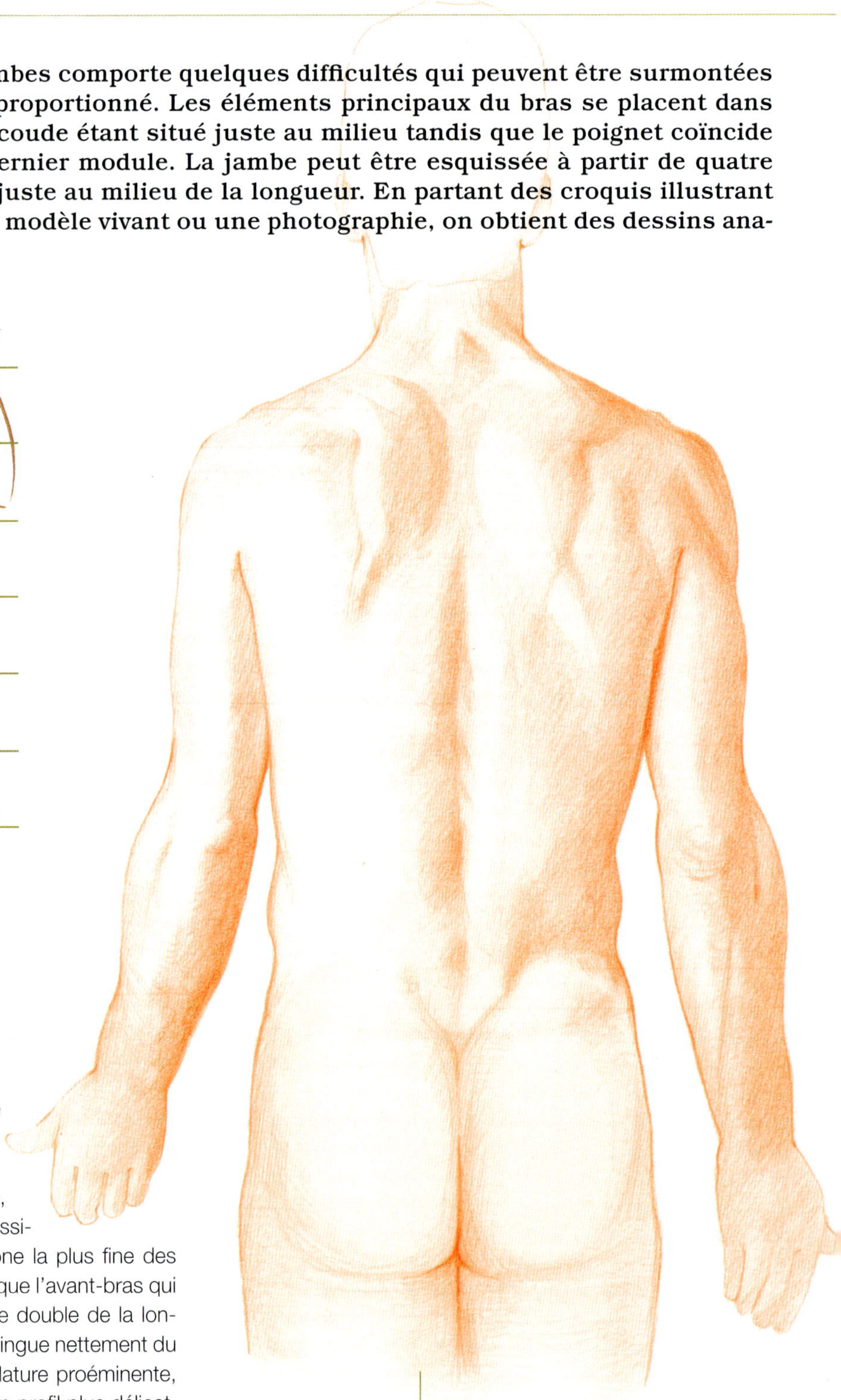

En partant d'un croquis bien proportionné, on dessine les membres supérieurs sur lesquels l'ombre apporte la touche finale en soulignant le relief des muscles.

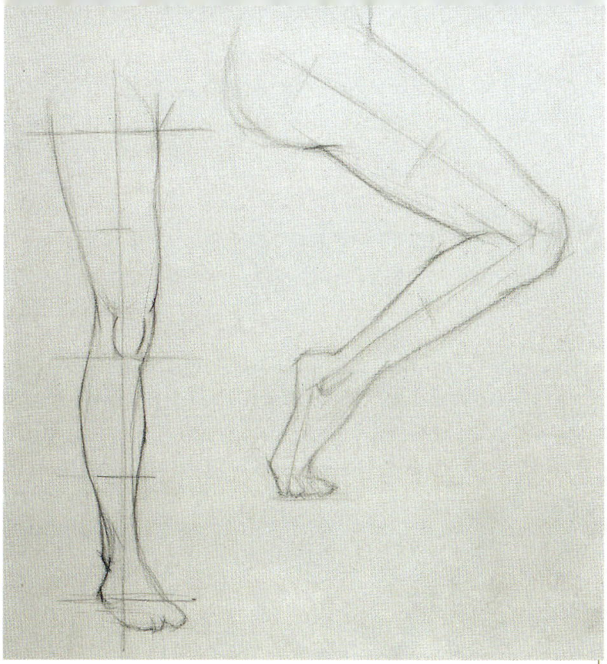

Les muscles des jambes

Les membres inférieurs sont formés de deux parties principales : la cuisse, en l'occurrence le quadriceps et le couturier, les muscles les plus volumineux et proéminents du corps ; la jambe, avec le renflement caractéristique du jambier antérieur et des genoux. Entre ces deux parties se trouve la rotule, articulation des deux éléments, qu'il faut représenter par une forme arrondie et proéminente. Chez la femme, le muscle est plus fin et le profil plus doux, moins marqué. Le cercle de la rotule est à peine saillant et la cheville plus fine. Enfin, les genoux, moins volumineux, prennent plus de relief si elle porte des chaussures à talons hauts.

On peut dessiner la jambe à partir d'un axe vertical sur toute la hauteur, sur lequel se placent les divisions. Malgré la flexion de la jambe, les proportions sont conservées, il suffit de plier l'axe à hauteur de la rotule.

Les muscles sont représentés par deux courbes convergeant à la rotule, tandis que le mollet montre l'arrondi des genoux.

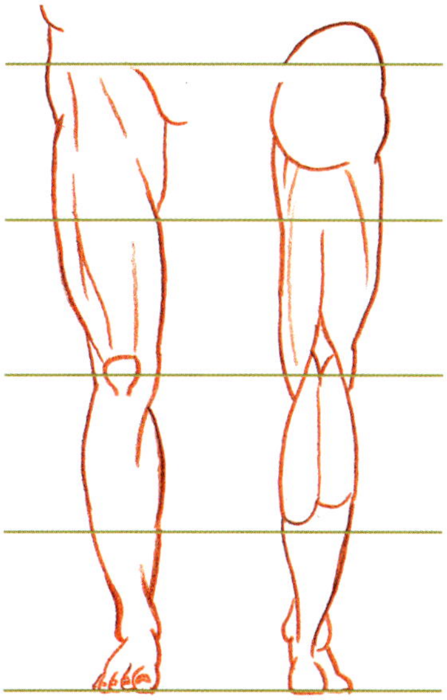

Croquis modulaires de la jambe vue de face et de dos.

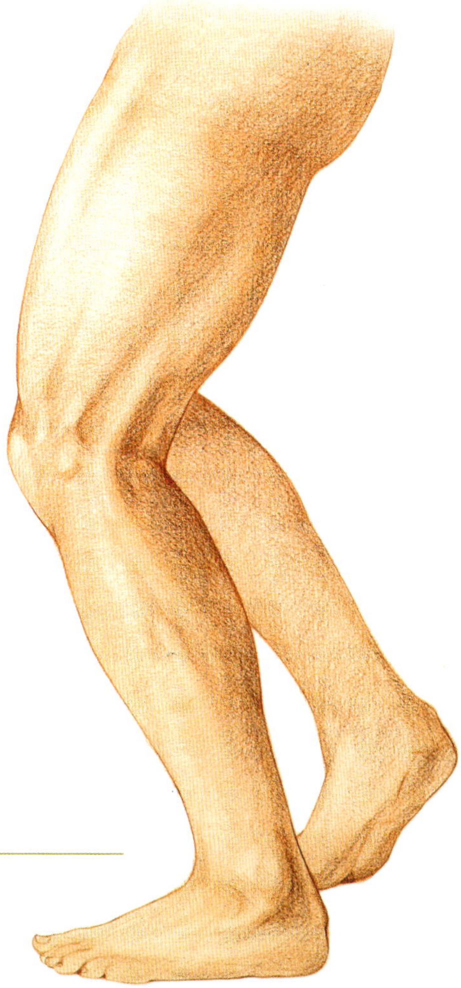

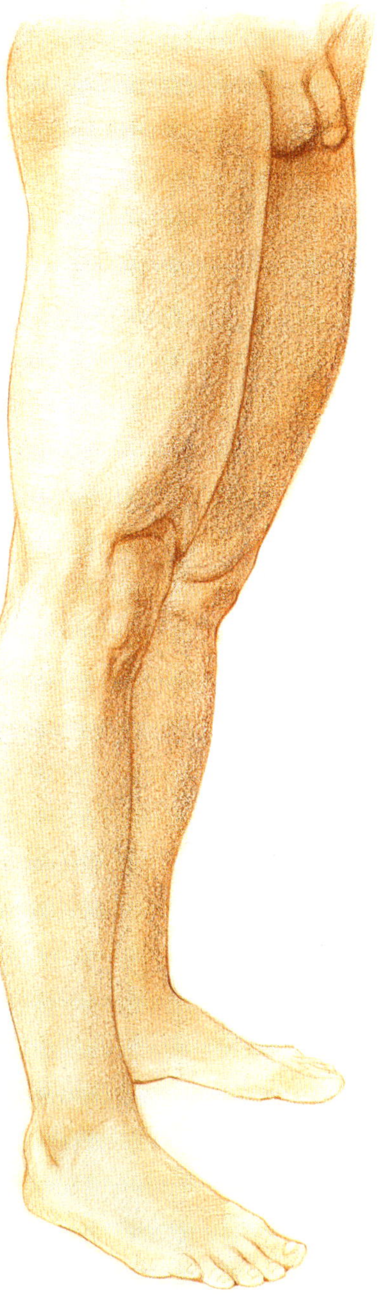

Chez l'homme, les quadriceps et les genoux sont très proéminents.

Dessiner les **mains et les pieds**

Les mains offrent des capacités expressives équivalentes à celles du visage. Par le geste, elles peuvent transmettre des indications psychologiques claires au spectateur. De plus, les mains autorisent un grand nombre de positions distinctes. Le dessin des pieds est moins compliqué, leurs possibilités de mouvement étant plus limitées et, d'autre part, ils sont généralement cachés par les chaussures. À l'inverse, lorsqu'ils sont découverts, leur aspect change radicalement en fonction de l'angle d'observation et de l'action en cours ; tout cela tend à embarrasser l'artiste peu expérimenté.

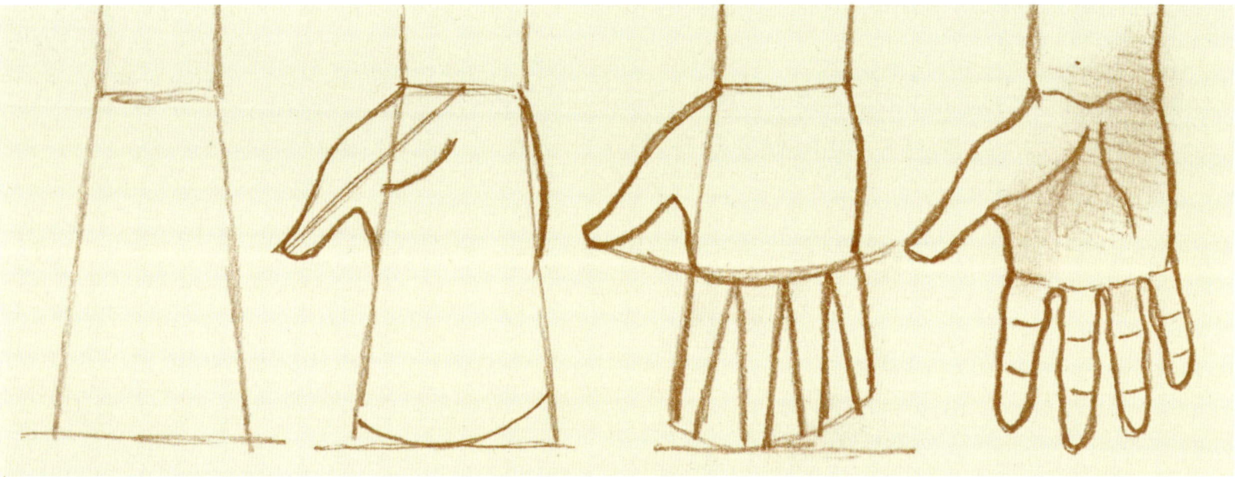

Il est intéressant de commencer par un croquis géométrique avant d'aborder le dessin définitif ; il permet en effet de comprendre la structure et de former une main bien proportionnée.

Structure et synthèse de la main

La main est liée au bras par l'intermédiaire des os du carpe et c'est à sa structure osseuse qu'elle doit sa forme caractéristique. Il faut considérer les deux faces : le dos, où aboutissent les tendons et les muscles de l'avant-bras ; la paume, charnue, formée par plusieurs petits muscles. Les lignes de la paume de la main s'avèrent utiles pour rendre l'aspect tridimensionnel de ces zones charnues. Les doigts se composent de trois petits os chacun, à l'exception du pouce, qui en a deux, et tous sont articulés entre eux. Pour dessiner une main, placez-la d'abord dans une forme quadrangulaire ou trapézoïdale. Tracez la courbe dessinée par les doigts en éventail. Le pouce est en diagonale par rapport à la paume et a une forme nettement courbe. Si le schéma de départ est bien proportionné, il sera facile ensuite d'ajouter les détails qui compléteront le dessin.

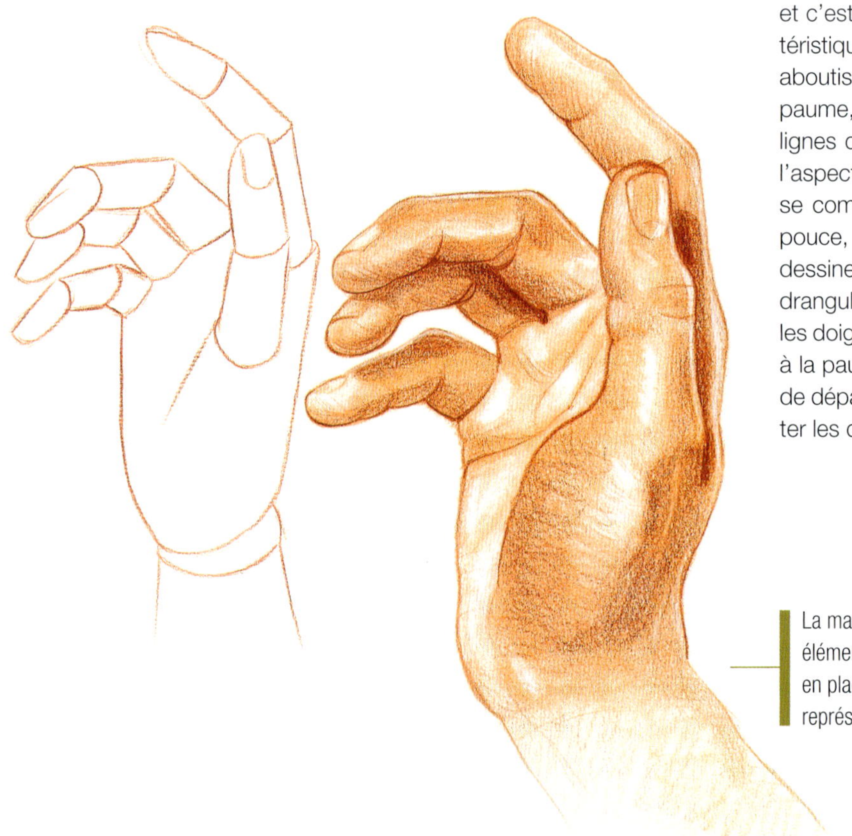

La main se compose de formes cylindriques, divisées en éléments articulés formant les doigts. Une fois cela mis en place, il devient plus facile d'obtenir une représentation naturelle, achevée par les ombres.

L'étude du pied

Le pied comporte trois parties : le tarse ou talon, le métatarse et les orteils. Le schéma de départ diffère de celui de la main en ce qu'il utilise des formes circulaires : un cercle pour le talon, un ovale ou une forme quadrangulaire pour symboliser le métatarse et plusieurs petits ovales pour construire les orteils. Une fois cette mise en place effectuée, apprenez à dessiner les quatre vues principales du pied (profil interne, profil externe, face et dos) ; à partir de ces positions, il est possible de se confronter à n'importe quel modèle avec succès. Le pied de profil ne pose pas trop de problèmes, car il peut se résumer à une forme triangulaire. La vue de face, en revanche, est plus complexe car il faut représenter le pied en raccourci et donc dessiner un trapèze. Le pied vu de dos semble le plus simple avec la proéminence du talon et l'aperçu de la forme des orteils à l'autre extrémité.

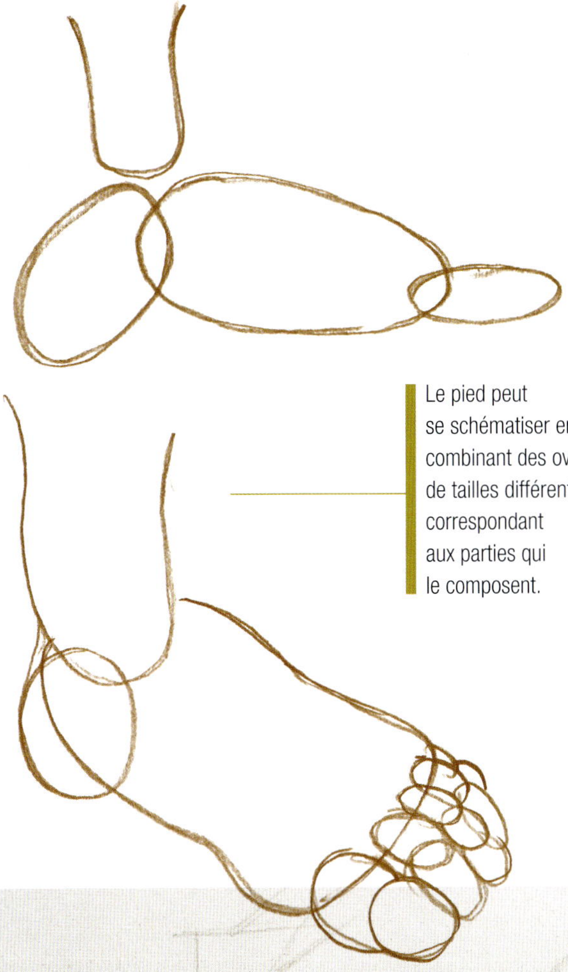

Le pied peut se schématiser en combinant des ovales de tailles différentes correspondant aux parties qui le composent.

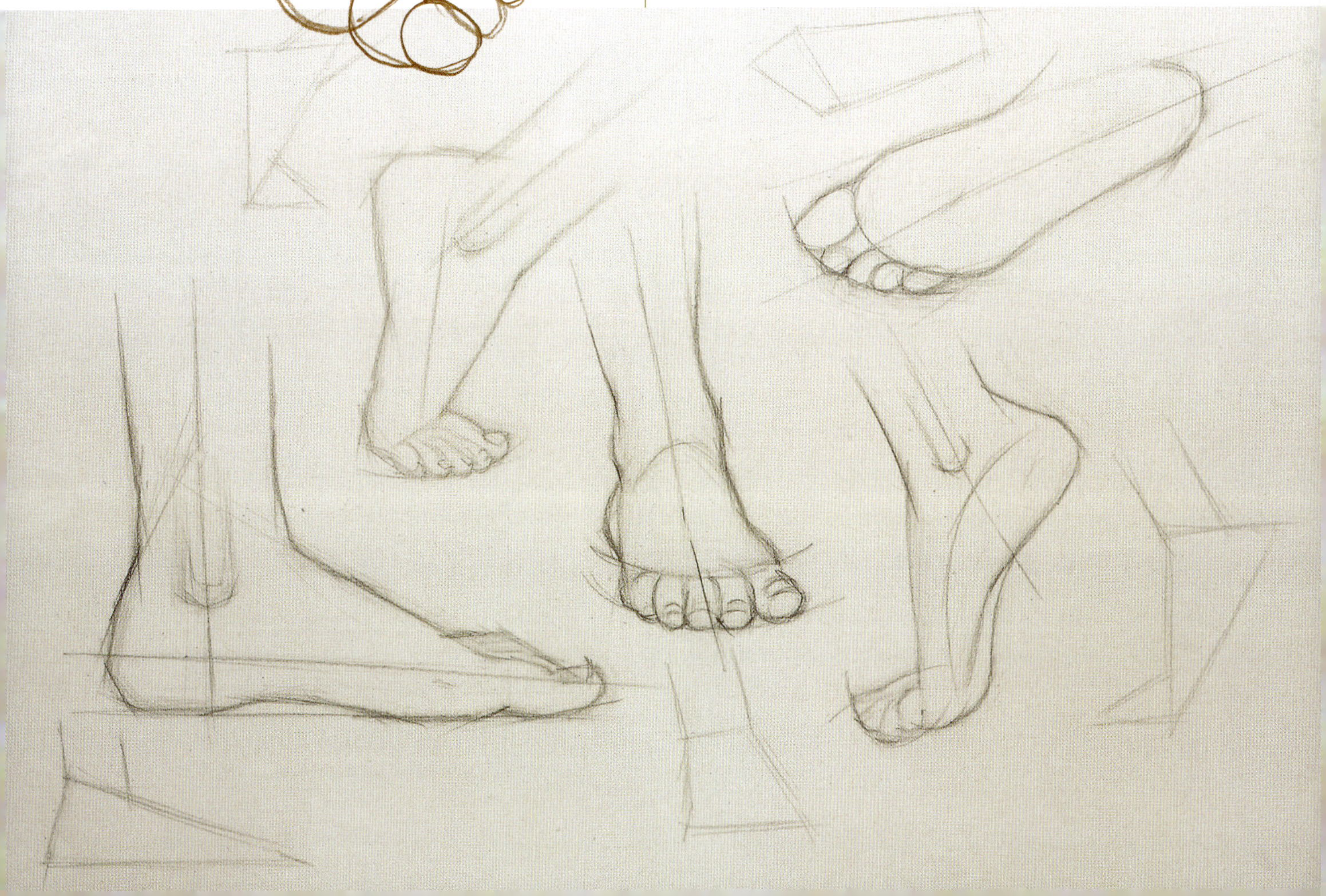

Ces schémas géométriques aident à saisir correctement les divers points de vue et les articulations possibles du pied.

Ébauche à partir de formes simples

Pour un artiste débutant, l'ébauche de la figure humaine s'avère souvent compliquée. Pourtant, avec quelques indications, c'est finalement très facile. L'ébauche est la première représentation, un croquis très sommaire du modèle, qui permet ensuite de progresser jusqu'au dessin plus détaillé et définitif. Lors de l'ébauche, on résout les questions de cadre, on détermine l'espace occupé par la figure sur le papier et on procède au calcul des proportions, afin de parvenir à un rendu juste de la figure.

La schématisation du corps suppose généralement un croquis d'ensemble inscrit dans une forme géométrique simple.

Développement du dessin d'un nu : simplifiez en tenant compte de l'inclinaison de la ligne des épaules, de la taille et du bassin ; travaillez des contours avec des courbes en accord avec l'anatomie ; enfin, suggérez du volume avec la pose des ombres.

La forme principale

Le croquis préliminaire doit saisir de façon intuitive les caractéristiques les plus marquantes de la forme, en essayant de voir le corps dans son ensemble, sans se perdre en détails anatomiques ou en éléments accessoires comme l'ondulation des cheveux ou les plis de la peau. Il s'agit de saisir en une première ébauche les éléments les plus significatifs en laissant l'aspect esthétique de côté. L'expression des caractéristiques structurelles et l'attitude du corps doivent prévaloir. Ces premiers traits se font en appuyant à peine avec le médium choisi pour dessiner ; ils doivent suggérer la position et la dimension de chaque partie du corps ainsi que la taille du modèle. Travaillez avec un tracé léger qui facilite le gommage et la correction ; lors de la construction du croquis, modifiez les traits chaque fois que c'est nécessaire jusqu'à obtenir la forme voulue.

Une mise en place simple faite de formes géométriques donne une première représentation qui sert de base pour arriver à la version finale.

Développer la silhouette

Tout en construisant l'ébauche, on peut placer une série de repères dimensionnels pour mieux saisir la position du corps. On peut situer la ligne des épaules, celles de la taille et du bassin, ainsi que quelques autres qui aideront à vérifier la structure interne du corps. Une fois l'ébauche préliminaire dessinée à partir de formes simples et synthétiques, lorsque les proportions semblent correctes, il est temps de passer à l'étape suivante : travailler les formes caractéristiques de l'anatomie du corps avec des traits aux courbes soignées, en veillant à ce que ces nouvelles lignes coïncident avec l'ébauche initiale, en reproduisant les courbes rentrantes et saillantes de chaque région du corps afin que son profil soit plus lisible. Le dessin peut être complété en modelant les membres avec un simple jeu d'ombres et de lumières, en soulignant les muscles pour obtenir le volume réel du corps.

LA PREMIÈRE ÉTAPE POUR DÉFINIR LES CORPS CONSISTE À AJUSTER LES PROPORTIONS À PARTIR DE FORMES SIMPLES.

Pour ébaucher la silhouette, trouvez les orientations et les rythmes internes et reproduisez-les comme si le modèle était une forme abstraite.

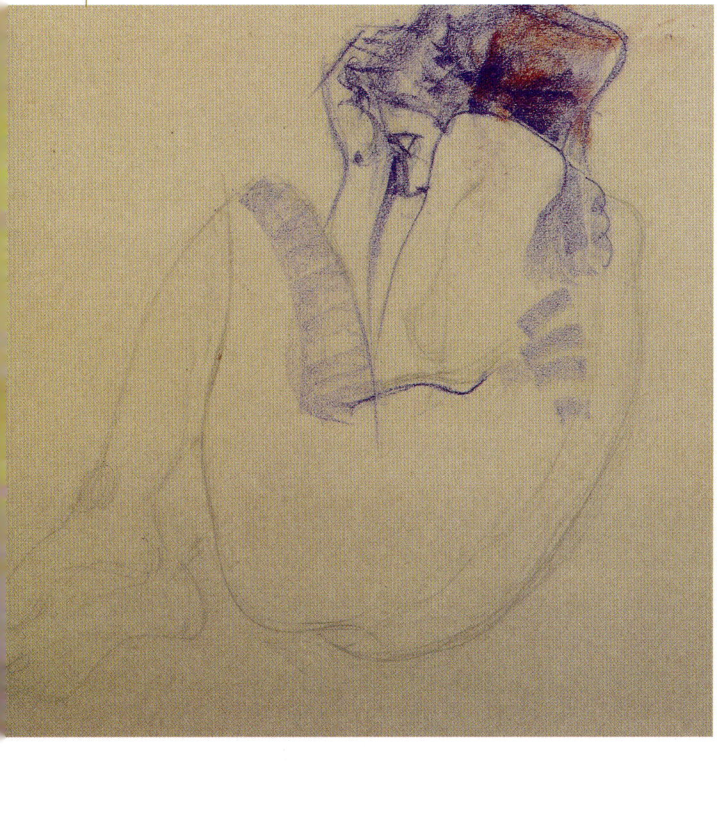

Pour compléter l'ébauche, appuyez-vous sur la courbe marquée correspondant à la colonne vertébrale, sans oublier la ligne des muscles.

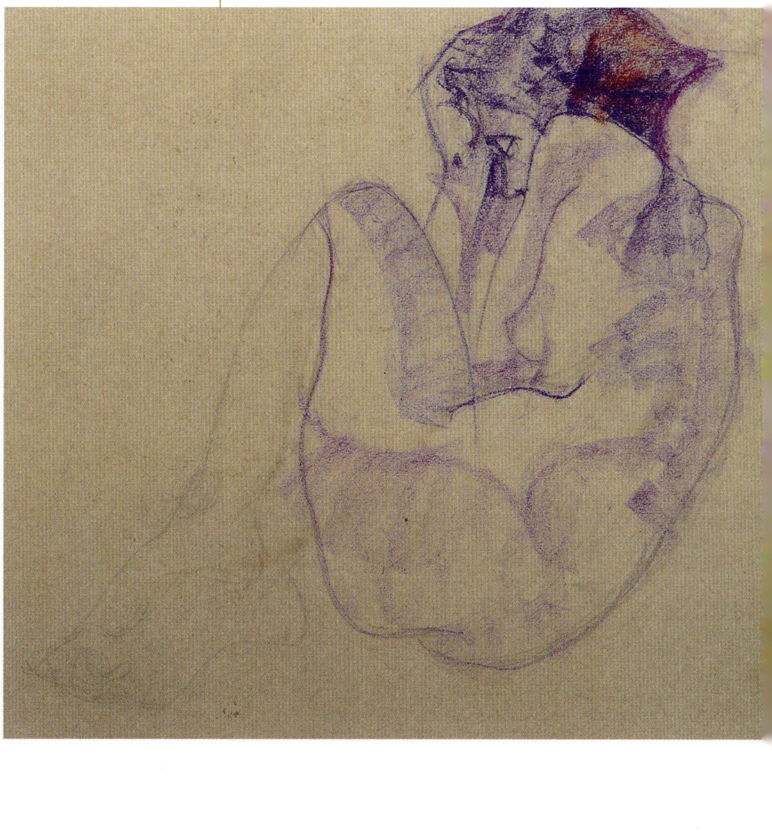

Comprendre **la pose**

La pose est déterminée par les zones de tension entre les divers segments corporels et repose entièrement sur le rythme interne du corps et l'impression d'équilibre qu'il donne. Si, en général, la représentation d'un corps allongé, assis ou debout est esthétique, nombre de poses évoquent un effet de mouvement du nu, obtenu en courbant ou en tordant le corps, ou par une position précise des bras et des jambes.

Saisir et comprendre la pose exige une pratique incessante, avec son lot de réussites et d'erreurs.

L'observation des lignes du corps

Quand on dessine un nu, il faut commencer par décider du point de vue, donc observer le modèle sous divers angles, en cherchant le plus favorable. On constate ainsi que certaines postures conviennent mieux au corps masculin et d'autres au corps féminin. Une fois le point de vue choisi, regardez attentivement pour définir la pose : quelle position pour le buste, quel pied supporte le poids du corps, quel membre est le plus en tension et lequel est le plus détendu. Il est important d'observer les rythmes internes du corps, qu'il soit actif ou au repos, d'évaluer la position du pelvis et de la colonne vertébrale, et de vérifier comment les formes externes répondent au mouvement. Ce mouvement doit correspondre à un geste naturel, sinon son aspect artificiel sera immédiatement perçu comme un défaut formel.

Les membres sont en torsion pour éviter un aspect figé et fournir une pose intéressante.

La position des membres est essentielle pour faire d'une pose assise, d'apparence statique, une composition harmonieuse exprimant les tensions.

Saisir le flux de l'énergie

Le choix de l'inclinaison des épaules, de la taille et du bassin ainsi que de la position des membres en fonction de l'orientation du corps permet de saisir le geste essentiel de la pose, pour rendre la position de façon naturelle. Cependant, le résultat sera moins mécanique si vous parvenez à donner du rythme et de l'énergie au corps, autrement dit à capter le flux du mouvement. Toute pose statique contient un mouvement ; cette contradiction apparente s'explique par le fait que les membres de la figure trahissent un mouvement interne dans leurs positions et leurs torsions. Ainsi le dessin, pour souligner une pose avec plus de force, peut utiliser une certaine déformation (une courbe plus prononcée, une inclinaison marquée de la ligne des épaules…), sans exagérer. Il s'agit de renforcer les tensions dynamiques présentes dans le corps pour que la pose soit clairement identifiable.

Une certaine déformation, ou exagération, des courbures du corps est nécessaire pour renforcer le mouvement de la pose.

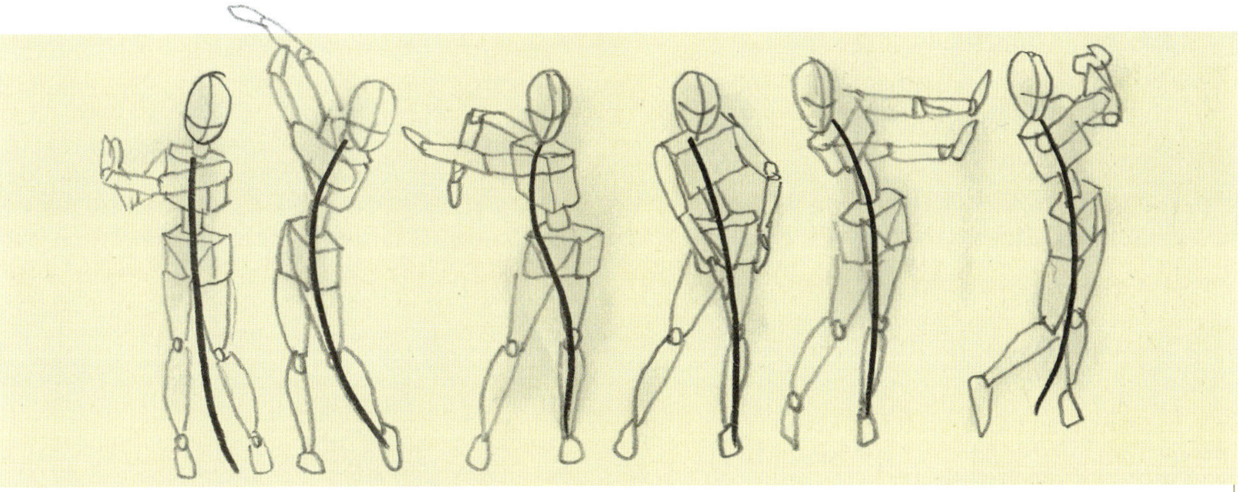

Sur ce croquis, la ligne de tension qui parcourt le corps se modifie avec chaque changement de posture.

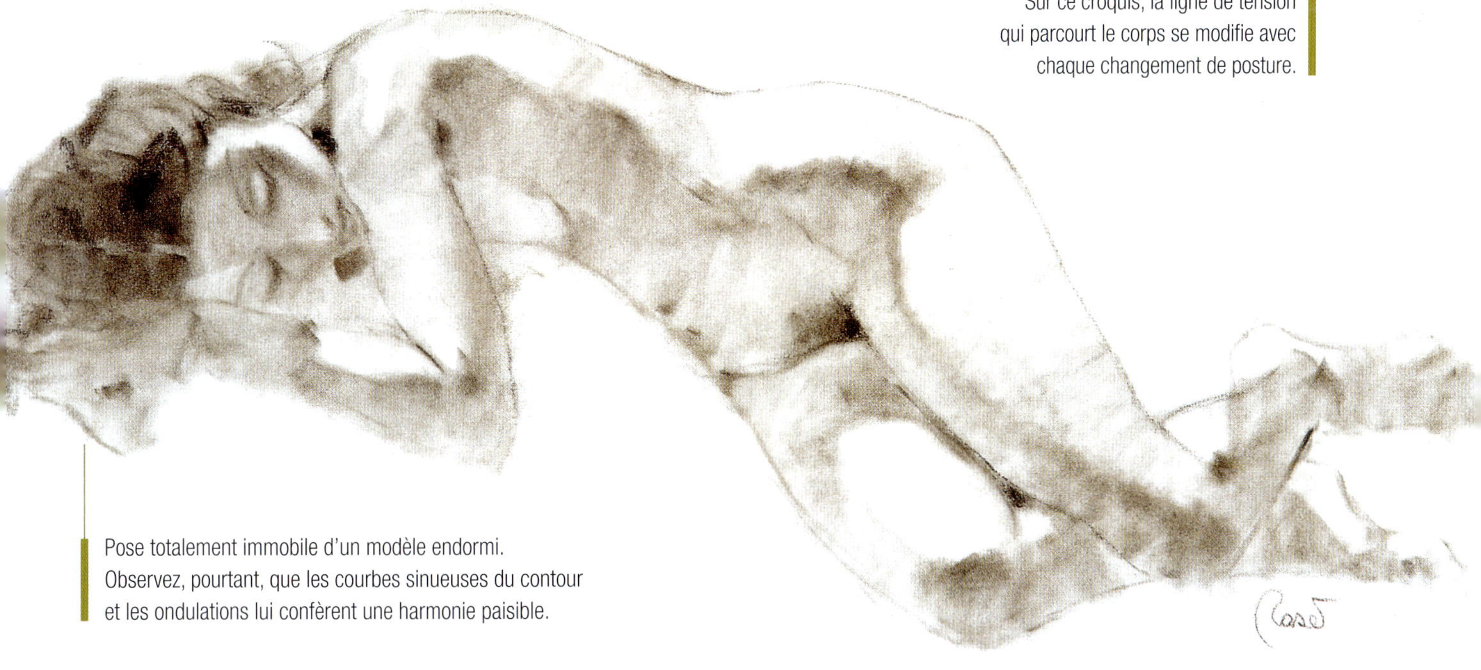

Pose totalement immobile d'un modèle endormi. Observez, pourtant, que les courbes sinueuses du contour et les ondulations lui confèrent une harmonie paisible.

Le nu : esquisses et premières touches

Nu debout près d'une soupière en porcelaine posée sur une sellette.

Après avoir étudié les différentes parties du corps et analysé sa structure, il est temps de mettre en pratique quelques-uns des concepts abordés, même de façon très simple. L'objectif est de représenter un corps féminin de façon schématique avec un bâton de pastel couleur terre d'ombre brûlée et une estompe. On commence par un dessin au trait, complété par des ombres en aplats, pour souligner certaines formes et révéler les volumes du corps. La composition du dessin ne présente pas de grandes difficultés : la figure est centrée sur la feuille, ce qui autorise l'ajustement des proportions sans distorsions.

Commencez par placer la figure au crayon, avec un simple trait, sans trop appuyer pour ne pas creuser le papier.

Frottez le bâton de pastel sur un morceau de papier puis prélevez du pigment avec la pointe de l'estompe qui va servir à appliquer les premières valeurs en diffusant légèrement la couleur.

Utilisez ensuite l'estompe de la même manière qu'un bâton de couleur pour souligner le contour du corps. Placez les ombres en inclinant l'estompe.

Le dessin à l'estompe

L'estompe est un petit bâton de papier très utile pour estomper certains médiums de dessin à sec, mais elle peut aussi être employée comme instrument de dessin. Sa pointe imprégnée de pigment permet en effet de dessiner des traits diffus sans grands contrastes sur un papier à grain fin. Pour la charger, commencez par frotter le bâton de pastel sur un papier, puis prélevez le pigment avec l'extrémité de l'estompe. Une fois celle-ci chargée de couleur en poudre, appliquez les traits ou les ombres les plus marqués puis, à mesure que l'estompe se décharge avec le frottement, les plus clairs et les plus légers.

Après avoir repassé le dessin au crayon et ajouté quelques nuances à l'estompe, on obtient une première impression générale du modèle. La soupière en porcelaine n'a besoin que de peu de détails, car elle reste aussi à l'état d'esquisse.

Pour dessiner avec l'estompe, il faut d'abord en charger la pointe en la frottant à plusieurs reprises sur des traits appliqués auparavant avec un bâton de pastel.

Figure **debout**

Il est rare que la représentation d'une figure humaine soit symétrique. Pour la plupart des artistes, il est beaucoup plus intéressant de la dessiner un peu en déséquilibre. La position en appui sur une jambe, ou déhanchée, permet généralement de rompre la symétrie et de donner une certaine vie à la figure représentée. Elle correspond à l'inclinaison opposée des hanches et des épaules et, comme le poids du corps repose sur une seule jambe, l'autre est au repos. L'exercice suivant montre comment procéder pour dessiner un corps masculin.

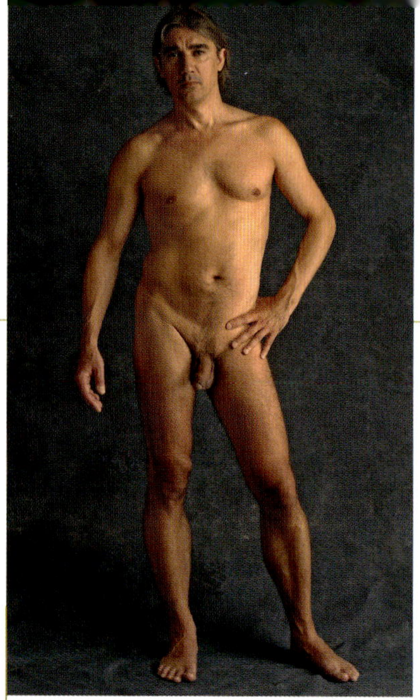

L'appui sur une jambe correspond à une position de repos ; le poids du corps repose sur une seule jambe.

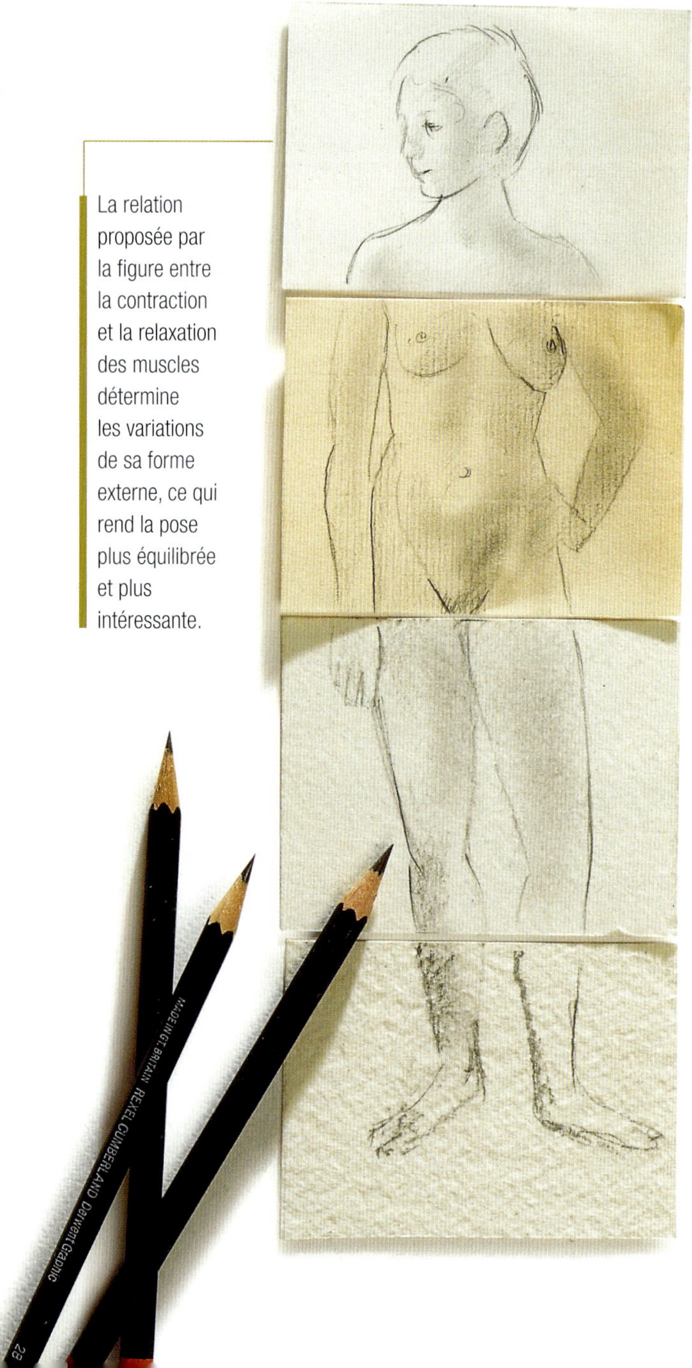

La relation proposée par la figure entre la contraction et la relaxation des muscles détermine les variations de sa forme externe, ce qui rend la pose plus équilibrée et plus intéressante.

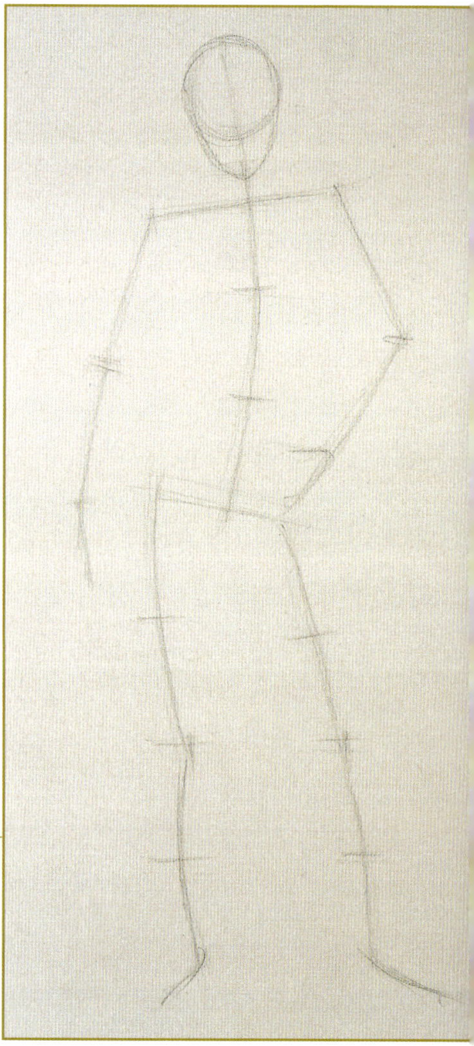

Avant de dessiner, structurez la figure, marquez le squelette avec des lignes indiquant l'inclinaison des épaules et du bassin ainsi que la légère courbe prise par la colonne vertébrale.

La colonne, axe du corps

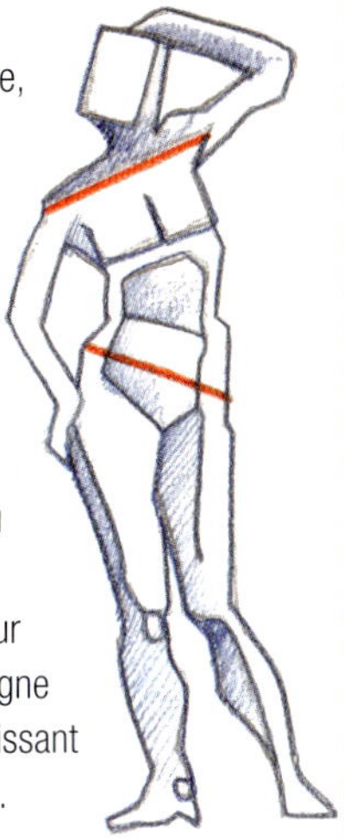

Le pelvis est lié à la cage thoracique, aux clavicules et aux omoplates par la colonne vertébrale, qui constitue l'axe du corps. Cela explique que toute inclinaison du pelvis se répercute (en sens inverse) sur l'inclinaison de la ligne des épaules, rétablissant l'équilibre du corps.

Pour éviter que les traits effectués au crayon graphite soient trop marqués, estompez-les légèrement ; ainsi, le rendu de l'ombre sera doux, sans contraste trop fort.

Construisez le corps à partir des lignes déjà tracées, en essayant de faire coïncider tous les membres. Les formes doivent être bien proportionnées ; le contour est fait de courbes douces qui suivent le profil musculaire masculin.

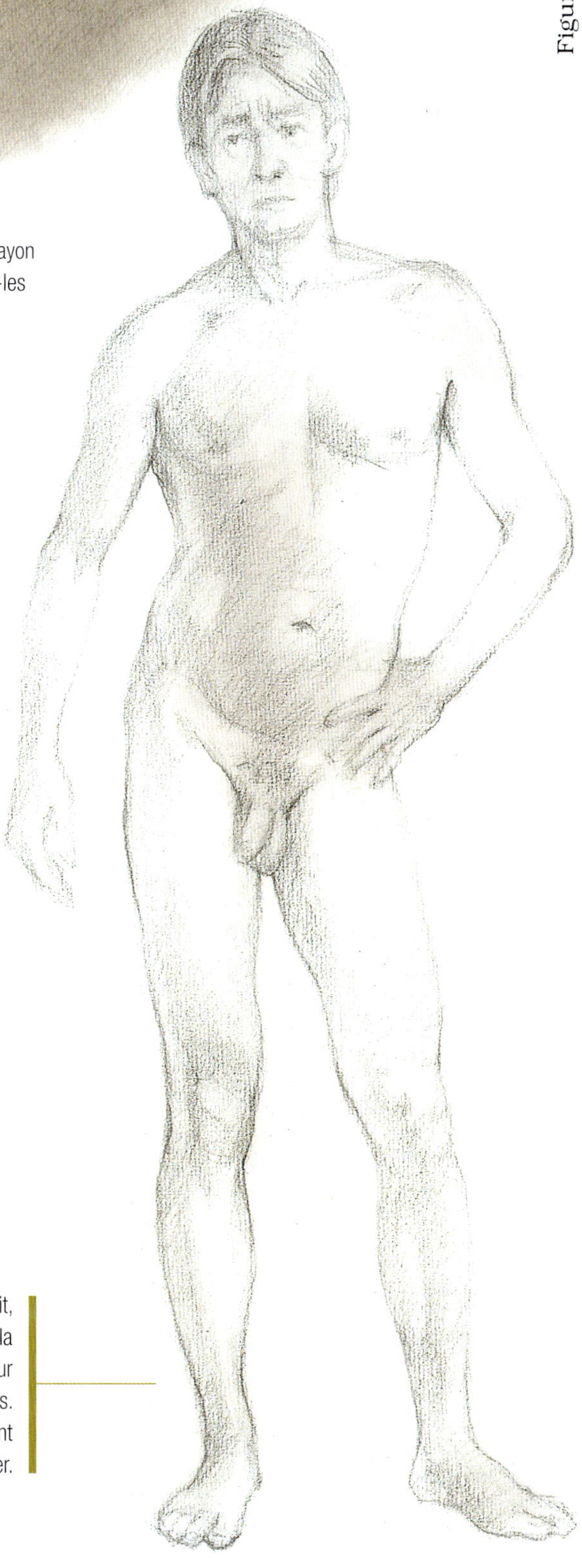

Pour terminer le dessin au trait, appliquez une ombre légère avec la mine du crayon très inclinée, pour bien souligner les principaux volumes. Les zones les plus éclairées gardent la couleur du papier.

Gioacchino Toma (1836-1891), *Luisa Sanfelice en prison*. L'ombre est créée par la lumière et son effet principal est de montrer le volume de la figure et l'atmosphère qui l'enveloppe.

Les effets de **la lumière sur le corps**

La lumière est l'un des éléments essentiels pour construire le volume d'un corps, définir le relief, l'espace ou l'atmosphère d'une scène. Les ombres propres ou projetées sont tout aussi importantes que l'éclairage direct du corps.

En fonction de l'utilisation du couple ombre et lumière, il est possible de créer des harmonies, de modifier la continuité des formes éclairées, de marquer un contraste, de souligner ou de rehausser d'un trait de lumière les particularités anatomiques du modèle. La lumière transforme le dessin d'une figure plutôt académique et structurée en un jeu : l'opposition du lumineux et du sombre qui alternent librement sur la peau, signale les plis des vêtements avec audace et donne plus de variété et de dynamisme à la représentation. L'éclairage peut être très simple ou au contraire rendu très complexe par l'accumulation d'ombres et de reflets.

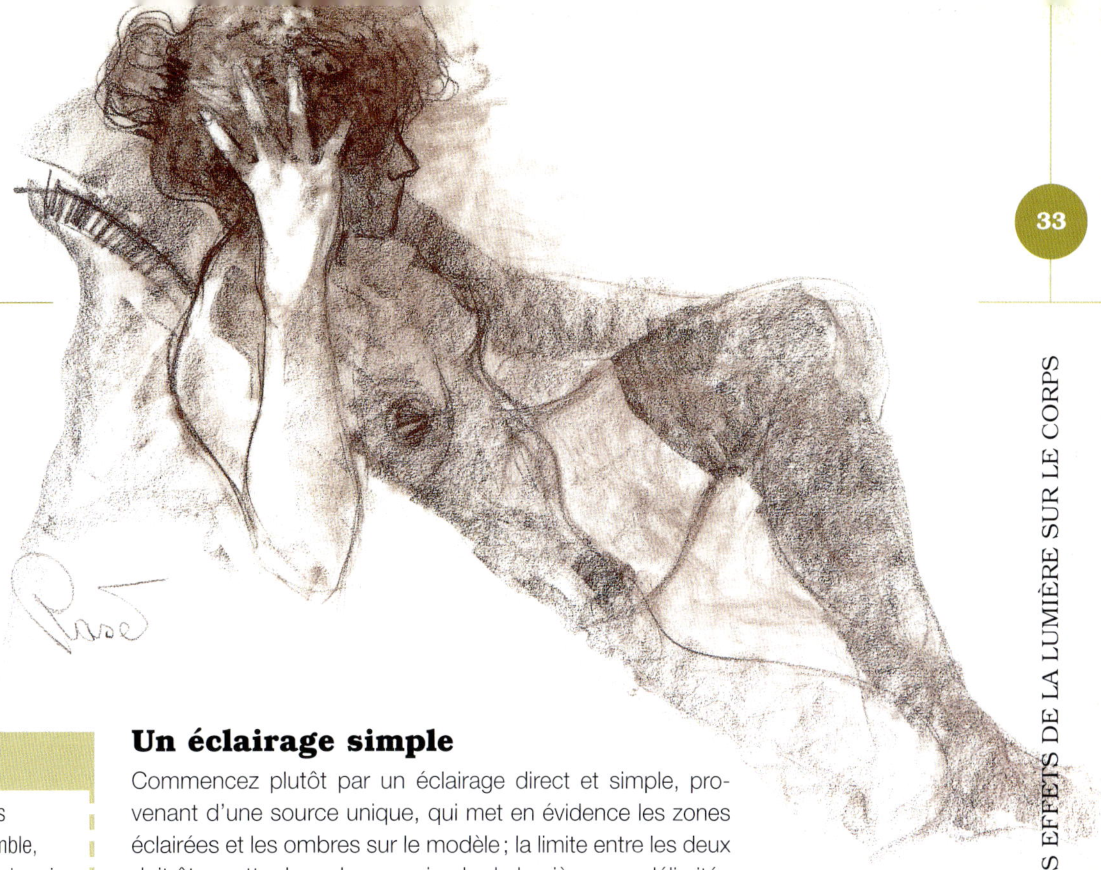

Toute l'ombre du corps a été posée avec le bâton à plat ; elle contraste avec la lumière qui éclaire le bras.

Oublier les détails

La pose des ombres sur un corps se fait à partir d'une vue d'ensemble, progressivement. Ne commencez jamais en focalisant sur les détails.

Un éclairage simple

Commencez plutôt par un éclairage direct et simple, provenant d'une source unique, qui met en évidence les zones éclairées et les ombres sur le modèle ; la limite entre les deux doit être nette. La valeur maximale de lumière sera délimitée par la pose d'une première ombre en utilisant le bâton de fusain, de craie ou de pastel à plat, pour obtenir une ombre uniforme et plane. Le résultat doit donner une séparation bien définie entre zone éclairée et zone d'ombre, soulignant davantage l'éclairage que le volume du corps. En ajoutant une deuxième couleur ou en exerçant une pression plus forte sur le bâton, commencez à travailler les valeurs.

Les ombres, mode d'emploi

Il existe trois façons différentes de placer les ombres sur le corps. L'ombre franche couvre la zone opposée à la lumière d'une tonalité très sombre, uniforme, comme un bloc aux limites bien définies, sans aucune tonalité intermédiaire. Le dégradé attribue une valeur différente selon l'intensité de chaque zone d'ombre, avec des tonalités intermédiaires progressant jusqu'à celle de la zone la plus sombre. Le clair-obscur repose sur le dégradé mais le passage vers la tonalité plus sombre est très subtil, sans limites visibles. C'est lui qui rend le mieux l'impression de volume.

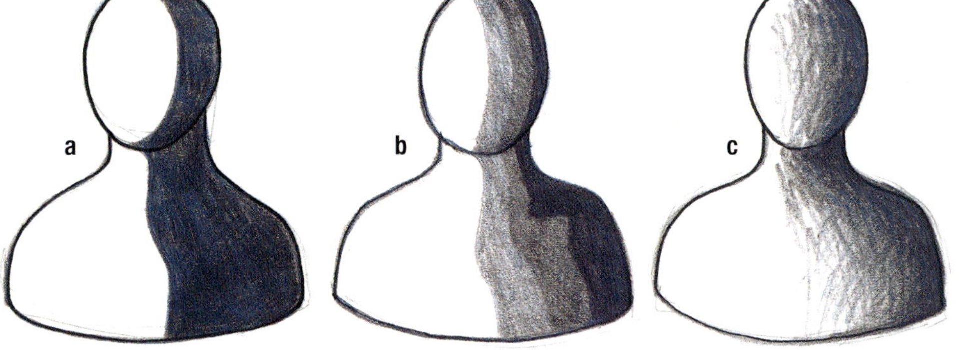

L'ombre franche est uniforme et dense, ses limites sont bien définies (**a**). Le dégradé attribue une valeur différente à chaque zone selon l'intensité de l'ombre (**b**). Le clair-obscur, qui rend le mieux l'impression de volume, repose sur un dégradé subtil (**c**).

Les ombres **sur le nu**

Une représentation au trait seul ne rend pas suffisamment le volume du corps ; le jeu de l'ombre et de la lumière est alors indispensable. Les ombres servent en effet à obtenir un effet tridimensionnel, ou de relief, pour produire une impression convaincante de volume. La meilleure façon de procéder consiste à disposer un ensemble de touches permettant de distinguer les surfaces éclairées de celles qui sont dans l'ombre. Puis, l'artiste doit choisir la façon de moduler ces ombres par des effets de clair-obscur ou par une gradation, en estompant ou en mêlant les couleurs pour rendre le modelé. Dans le premier cas, on obtient un effet plus marqué de volumes ; dans le second, le résultat est plus lié et la transition des ombres sur la chair est plus progressive.

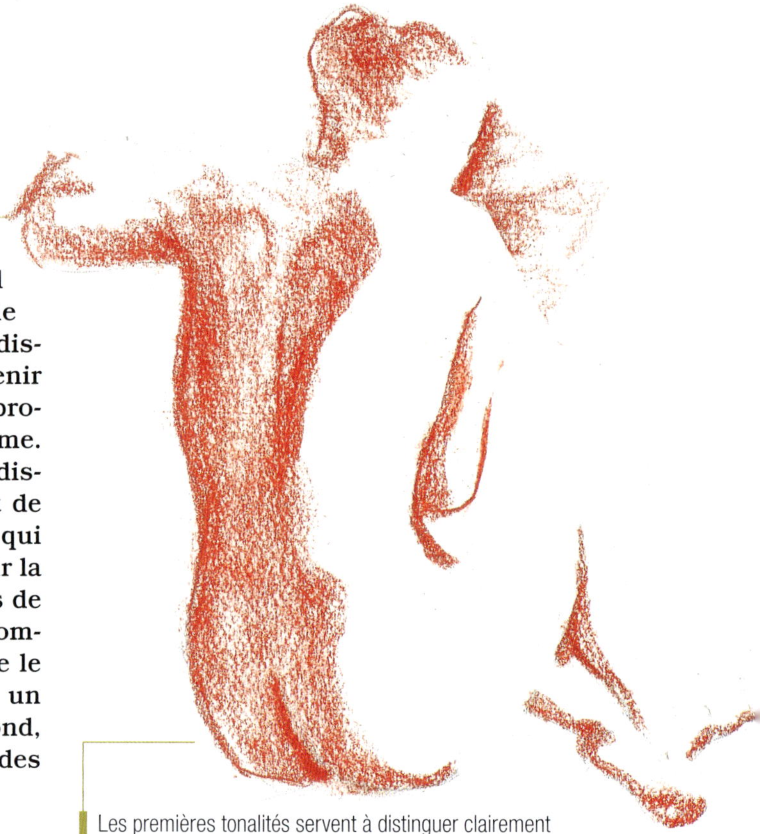

Les premières tonalités servent à distinguer clairement les zones éclairées (la couleur du papier) de celles qui sont dans l'ombre.

Le positionnement des ombres apporte solidité et corps au dessin au trait. Leur placement schématique suffit à rendre l'impression de volume.

La limite des ombres

La méthode habituelle pour dessiner une ombre avec un médium sec consiste à poser le bâton à plat sur le support ; on l'utilise ainsi sur toute sa longueur pour créer un tracé large et épais qui sert de base, délimitant les zones d'ombre et de lumière. Cette première application est alors estompée pour produire une gradation de valeurs apte à représenter le passage progressif des zones éclairées aux zones d'ombre. En peinture, on commence avec des couleurs sombres pour tracer le contour des ombres comme des blocs d'une couleur. Ensuite, l'ombre progresse vers les zones plus éclairées par la dilution de chaque couleur avec la couleur adjacente, produisant ainsi une progression lumineuse naturelle et sans démarcations.

Pour placer les ombres avec un médium sec, posez le bâton à plat.

Un dégradé comme sur des cylindres

Lorsque le modèle nu est soumis à une source lumineuse latérale, un côté du corps est éclairé tandis que l'autre reste dans l'ombre. Si l'on veut rendre correctement l'arrondi du corps, la meilleure solution est le dégradé, qui permet de révéler le volume cylindrique du torse et des membres. Si l'on éprouve quelques difficultés à utiliser ce procédé, une astuce pratique consiste à imaginer le corps comme un ensemble de formes cylindriques, une sorte de poupée, et la tête comme une simple forme ovale. Puis, on définit chaque ombre, avec les corrections nécessaires pour qu'elles coïncident avec les formes apparentes des muscles sous la peau.

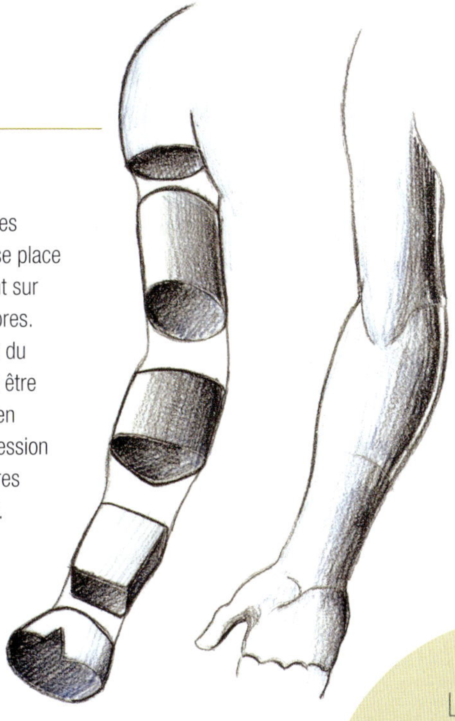

L'ombre de surfaces courbes se place facilement sur les membres. Le dessin du bras peut être simplifié en une succession de cylindres dégradés.

LA FORME ET L'INTENSITÉ DES OMBRES DOIVENT RÉSULTER DES COURBES ET DES RELIEFS DU CORPS.

Exemple d'application de l'effet de dégradé à l'aquarelle pour rendre les ombres et, donc, le volume du corps.

Avec la peinture à l'huile, on aborde les ombres de façon très simple. On indique, avec des couleurs diluées, la répartition des ombres et de la lumière.

Valeurs et **modelé**

Les valeurs correspondent à la variation des tonalités selon l'intensité de la lumière sur chaque zone du corps. L'ombre est rendue par des tons sombres, éclaircis à mesure que l'incidence de la lumière augmente. Travailler avec trois ou quatre tons suffit, ainsi la transition du sombre au clair se fait en douceur, sans contrastes brusques ou trop violents. Le modelé est la conséquence directe des valeurs de l'ombre et de la lumière sur le corps du modèle. Il repose principalement sur la mise en place de nombreuses tonalités intermédiaires pour que la peau du modèle offre une surface continue et que la transition entre les zones les plus éclairées et l'ombre la plus foncée soit douce et progressive. C'est une technique très utilisée par les artistes qui souhaitent donner une apparence aboutie et sculpturale au dessin.

Pour cet exercice, on procède à une simple mise en valeur de l'effet des ombres et de la lumière sur un nu. Commencez par dessiner la figure avec un pastel blanc sur du papier marron.

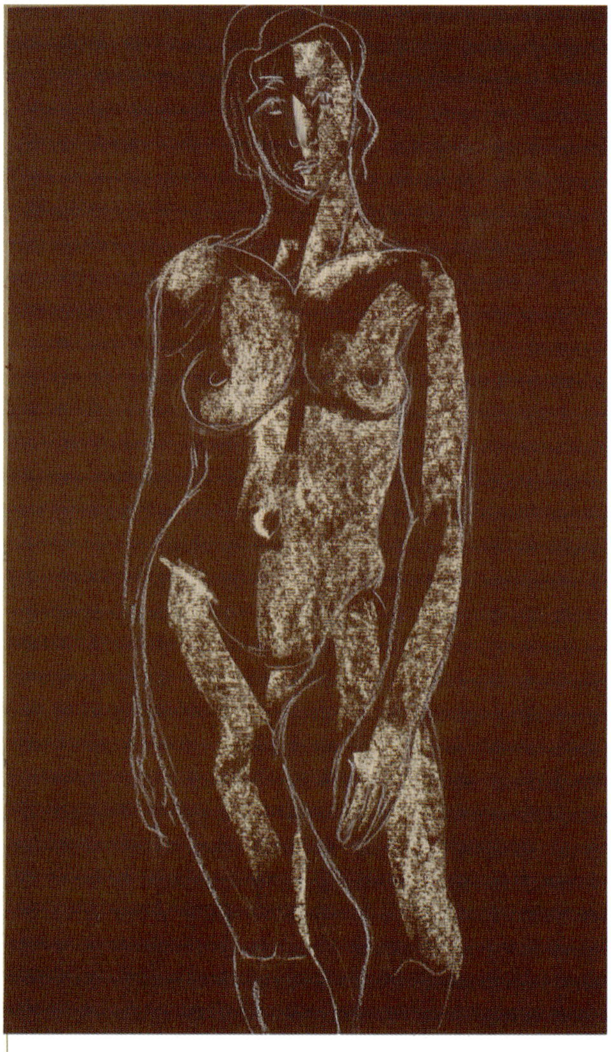

Appliquez avec un bâton de pastel jaune de Naples, les premières lumières sur la figure, en passant le bâton à plat pour couvrir la zone recevant directement la lumière.

Un modelé contient peu de différences de valeurs, c'est-à-dire de nuances d'ombre et de lumière, et elles sont toutes estompées pour donner une continuité aux couleurs de la peau du modèle.

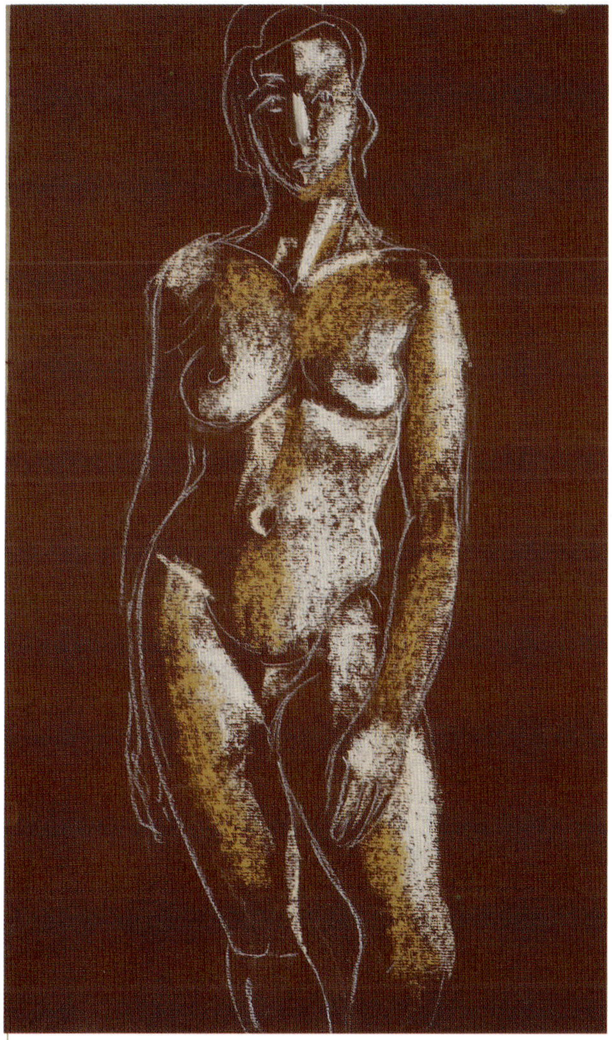

Avec une autre couleur un peu plus sombre, ici un ocre, créez une valeur intermédiaire vers les zones d'ombre : elle donne un lien naturel entre les tonalités claires et sombres.

Les zones d'ombre sont obtenues en laissant visible la couleur du papier et en assombrissant les plus foncées avec de la terre d'ombre brûlée et du noir.

La qualité de **la lumière**

La même sphère sous deux éclairages différents : transitions tonales douces produites par une lumière indirecte (**a**), et clair-obscur puissant dû à une lumière intense et proche (**b**).

Avant de dessiner ou de peindre un nu, il est utile de faire plusieurs essais d'éclairage du modèle. L'orientation et l'intensité de la lumière seront en effet déterminantes par leur effet sur les volumes, soulignés ou atténués selon l'intensité des contrastes, ce qui mettra en valeur ou adoucira certains éléments précis de la figure. La richesse des reflets et des ombres peut être accrue en entourant la figure d'éléments de couleurs vives modifiant la couleur de la peau par de nouvelles nuances colorées. Ainsi, le reflet de la lumière sur un tissu blanc éclaire les ombres tandis que, sur un tissu rouge, il les colore d'une tonalité rougeoyante.

Du clair-obscur à l'éclairage indirect

Le clair-obscur est le procédé le plus spectaculaire. Il consiste à soumettre le nu à une source lumineuse très intense et proche, divisant l'anatomie entre zones inondées de lumière et zones très sombres. La lumière diffuse provient d'une source indirecte, diffusée ou filtrée, comme celle qui entre par une fenêtre derrière un rideau. Elle crée des contrastes modérés avec des transitions graduelles entre zones illuminées et zones sombres ; la gamme tonale est alors large, avec une prédominance de tons intermédiaires à la place de tons sombres et intenses.

Un éclairage latéral intense provoque des ombres très sombres du côté opposé de la figure ; un clair-obscur très contrasté souligne alors le volume du corps.

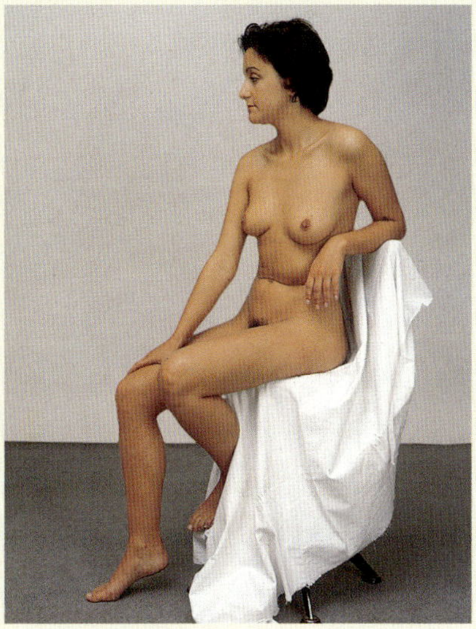
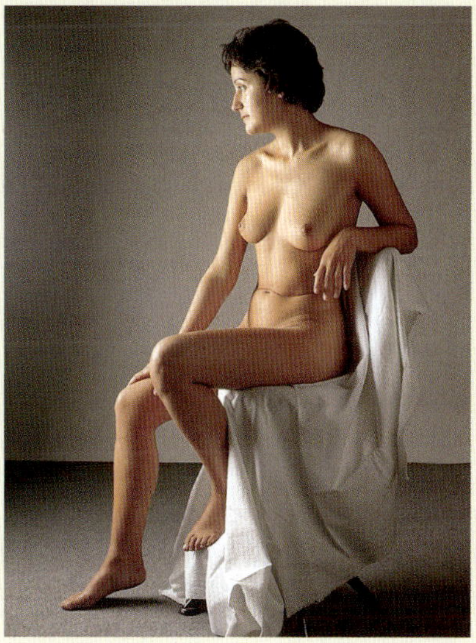

L'intensité, la diffusion, la qualité et la situation de la source lumineuse ont une incidence déterminante sur notre perception de la figure humaine.

Le ténébrisme

Cette technique traditionnelle permet de représenter la figure éclairée par une source de lumière faible, généralement inclue dans le cadre. Avec le clair-obscur, la figure émerge sur un fond sombre du fait d'une lumière chaude et proche qui éclaire les parties les plus proéminentes du corps. Cet éclairage si particulier permet d'obtenir des effets spectaculaires et une impression de calme et d'intimité. Le ténébrisme implique l'utilisation du clair-obscur avec de forts contrastes et un modelé très marqué, où l'ombre et la lumière luttent violemment pour leur place ; les tonalités moyennes dominent avec peu de rehauts de lumière vive.

La surexposition

Lorsque le modèle est éclairé par plusieurs sources de lumière, artificielle ou naturelle, les ombres disparaissent pour se concentrer sur les contours et les reliefs les plus marqués du corps ; les tonalités intermédiaires s'effacent et la peau présente une couleur claire et uniforme.

Avec le clair-obscur, la figure se détache sur un fond sombre ; la source lumineuse est au cœur de la scène, laquelle évoque une atmosphère de recueillement et d'intimité.

Ébauches et croquis rapides

La prise de croquis de figure est un travail d'enquête et de recherche. Il ne s'agit nullement d'études détaillées, le principal objectif étant de donner une bonne description d'ensemble du corps, de trouver la pose et la composition idoines, en exerçant à la fois l'œil et la main. Un bon croquis est celui qui rend les formes complexes du corps humain en une structure convaincante et reconnaissable. Ces croquis peuvent se faire au fusain, au pastel, à l'aquarelle et même à l'huile, tous les moyens sont bons pour essayer des compositions et de nouvelles associations de couleurs.

L'ébauche est avant tout un dessin au trait assez rapide et spontané, destiné à saisir une pose en très peu de temps.

Feuille de croquis réunissant deux poses dessinées durant une même session. Chacune présente l'aspect caractéristique d'un dessin effectué en deux ou trois minutes.

Jouer avec le trait

La dominante du trait est un aspect important de la construction du croquis. En effet, il confère un effet de direction, d'impulsion vitale et de rythme au dessin. Il permet d'insuffler une grande énergie à une pose apparemment statique et conventionnelle.

Observer, puis dessiner

La clé pour effectuer de bons croquis de modèle réside dans une observation longue et attentive : repérer la jambe d'appui, identifier la bonne inclinaison des épaules et du bassin, distinguer et souligner son rythme interne. Il faut consacrer plus de temps à examiner le modèle pour identifier les éléments clés de la pose, qu'à le dessiner. Une fois familiarisé avec tous les détails, tracez le croquis en quelques traits, lignes et courbes douces, à peine perceptibles, pour répartir les volumes de la figure sur le papier. Pour finir, ajoutez des traits plus marqués correspondant à l'interprétation esquissée d'un geste rapide.

Des touches de couleur

Le croquis à la peinture doit être libre, spontané, un « premier jet », sans trop de précision pour le visage et autres détails superflus. Les taches de couleur restent subordonnées à la saisie de la pose et des formes nécessaires à la définition du modèle ainsi que du jeu des ombres et de la lumière, traité dans son ensemble. Si l'on utilise de l'huile ou de l'acrylique, la meilleure façon de travailler est *alla prima*, c'est-à-dire par juxtaposition de touches de couleurs qui se fondent entre elles de façon naturelle, par un léger mouvement de la pointe du pinceau. Les zones d'ombre se rendent par l'ajout de couleurs plus sombres que les précédentes encore fraîches.

Gardez sous la main un bloc ou des feuilles de papier de petit format pour faire des croquis rapides.

Sur un dessin très schématique au crayon, construisez les figures avec d'épaisses touches de peinture à l'huile ; ignorez les détails, mais veillez aux effets de la lumière.

Un croquis ne doit pas expliquer, mais suggérer. Cette représentation à l'acrylique part de la synthèse de la forme complétée par un modelé suggéré au lavis.

Nu masculin **au fusain**

Le fusain est un médium fragile qui permet d'obtenir des effets allant du noir le plus profond à une vaste gamme de tons riches, modulable par soustraction de matière avec un chiffon de coton ou par estompage avec les mains. Son instabilité permet de récupérer les blancs du papier en frottant avec une gomme mie de pain, soulignant ainsi les contrastes et donnant au dessin un effet de volume. Le nu proposé ici est un croquis qui commence en couvrant toute la surface du papier au fusain ; la forme se construit alors en effaçant au chiffon et à la gomme, en fonction des zones éclairées sur le modèle.

Couvrez tout le papier d'une couche de fusain, puis estompez à la main pour que le gris du fond soit uniforme. Avec la gomme mie de pain tenue en biais, ouvrez les zones principales de lumière visibles sur le modèle, à partir desquelles se feront les premiers traits au fusain.

Fusain à plat, tracez quelques lignes, très fines, de structure. Faites glisser le fusain en appuyant bien pour délimiter les principales zones d'ombre. L'ombre est foncée, d'un bloc, sans aucun modelé.

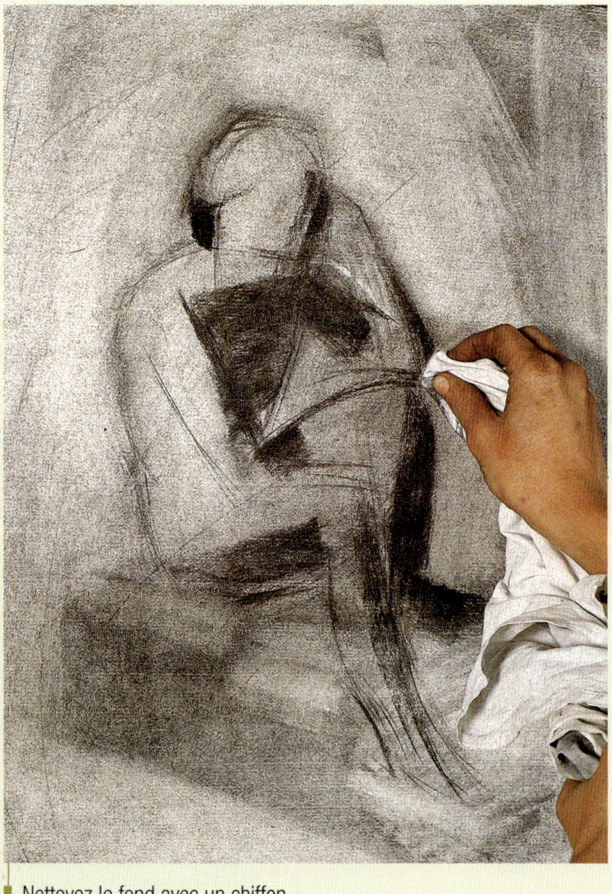

Nettoyez le fond avec un chiffon de coton, en veillant à ne pas dépasser les contours de la figure et en préservant les lignes de structure.

La gomme permet non seulement de corriger les erreurs, mais constitue aussi un outil de dessin intéressant.

Donner la forme avec le chiffon

Il existe une méthode pour créer des surfaces claires sur l'ombre : enroulez le chiffon autour de l'index jusqu'à former une pointe conique avant d'effectuer une forte pression sur le papier.

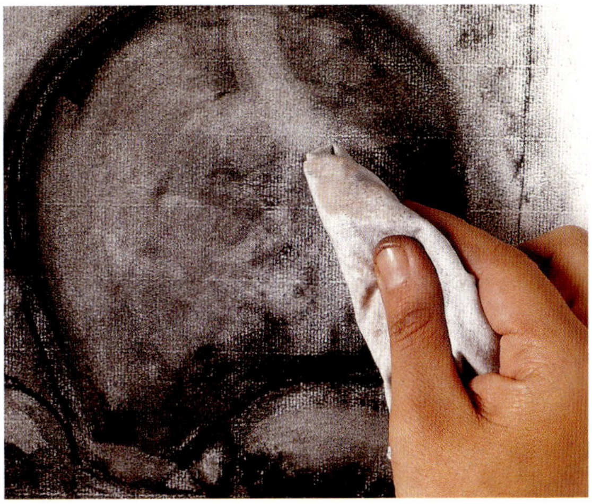

Avec la gomme, on peut éclaircir encore les zones les plus éclairées sur le modèle. Appuyez fortement la gomme jusqu'à enlever complètement la couche de fusain. L'estompe permet de fondre les limites pour mieux intégrer les rehauts de lumière.

Complétez le dessin au fusain, en affirmant les contrastes les plus marqués et en soulignant quelques détails anatomiques comme la forme de la clavicule et l'arrondi des muscles du bras.

La couleur **de la peau**

Les artistes peu expérimentés croient parfois qu'il existe une couleur chair applicable à tous les corps. Il n'en est rien. Certes, le rose et l'ocre sont des couleurs habituelles pour rendre la peau, mais le choix dépend des conditions d'éclairage, des contrastes avec le fond et de la dominante chaude ou froide que présente la peau du modèle. Il existe de nombreuses variations et, en fonction de la gamme chromatique utilisée, la couleur chair peut prendre des tonalités insoupçonnées.

Une façon d'assombrir la peau consiste à ajouter à sa couleur de base les couleurs les plus foncées du fond – ici, le vert.

Nu audacieux avec une gamme de couleurs rosées, obtenues à partir de terre de Sienne brûlée, de carmin et de violet pour les ombres.

Lorsque la lumière éclairant le modèle est très chaude, on choisit une gamme de couleurs plus riche en jaunes et orangés.

Pour obtenir rapidement la couleur de la peau, effectuez un mélange de carmin et de jaune avec beaucoup de blanc (**a**). Autre option, mélangez orange, ocre et blanc (**b**).

Les couleurs recommandées

Certaines couleurs peuvent être considérées communes à tous les types de peau, tandis que d'autres ne servent généralement que pour les zones d'ombres. Dans le premier groupe, on trouve l'ocre, la terre de Sienne naturelle et le jaune de Naples. Ces couleurs se nuancent avec une pointe de vermillon, de carmin, de jaune ou de magenta (avec le prétexte d'apporter de la variété à la coloration soumise à différentes conditions lumineuses) et s'éclaircissent, principalement, avec du blanc de titane, du blanc de zinc ou du jaune de Naples. Pour assombrir les couleurs chair, utilisez de la terre de Sienne brûlée, de la terre d'ombre brûlée ou du violet. Autre possibilité, obscurcir la peau avec les couleurs qui entourent la figure. Ainsi, elle s'intègre mieux au fond. Dans tous les cas, ces couleurs servent de point de départ pour expérimenter d'autres options.

La peau de ce torse masculin présente une nuance très chaude, produite par une association de jaunes, d'orange et de terre d'ombre brûlée sur les zones dans l'ombre.

Étude des **couleurs chair**

Voici un exercice simple, à l'acrylique, qui montre combien la couleur chair fluctue sur un même modèle selon les choix chromatiques et l'interprétation finale. En fonction du style, de la façon de peindre, des matériaux et de la gamme chromatique utilisée, la couleur chair varie et le modelé, c'est-à-dire la qualité tactile transmise par la peau, offrira un résultat sommaire ou raffiné.

Torse de nu féminin avec éclairage latéral intense.

Première version avec des tons chair à tendance plutôt chaude. Sur un dessin au crayon, appliquez des touches de couleur orange éclaircie avec du blanc et un orange moyen avec des touches courtes. Elles représentent les zones les plus éclairées du corps.

Ajoutez de la terre de Sienne brûlée et du carmin à l'orange précédent, et appliquez ce mélange sur les zones d'ombre, sur la partie droite du corps. Les touches ne sont pas fondues : elles créent alors des gradations tonales.

Procédez à de brèves applications de terre d'ombre brûlée et de terre de Sienne brûlée sur le contour de quelques membres. Avec la même couleur, peignez les cheveux et ébauchez le drapé. Une fois le modèle achevé, couvrez le fond d'un mélange de bleu et de marron pour mettre en valeur les couleurs de la peau.

Dessinez la silhouette au crayon graphite 2B. Avec du jaune de cadmium, une pointe d'ocre et beaucoup de blanc, préparez la couleur à appliquer sur la zone la plus éclairée du corps. Pour fluidifier la peinture, ajoutez un peu d'eau au mélange.

Avec de l'ocre jaune, faites une deuxième application de tons intermédiaires. Avec un peu de terre de Sienne brûlée mélangée à une pointe d'ocre, peignez la zone la plus sombre du modèle. Trois nuances suffisent ainsi à représenter l'effet de la lumière sur le corps.

Le modelé sur la peau

Pour cette version, la couleur ocre sert de base aux mélanges auxquels on ajoute des tons roses. À la différence de l'exemple précédent, la peau est travaillée plus en détail, mettant en pratique le modelé. Dans une première étape, l'application de la couleur est assez semblable, mais à mesure que l'exercice progresse, les nuances se multiplient, moins contrastées, avec des transitions plus douces et dégradées d'une couleur à l'autre.

TOUT COMME LA COULEUR DE LA MER PASSE DES BLEUS AUX VERTS OU AUX GRIS, LA PEAU SE TEINTE DE ROSES, OCRE CLAIR OU SIENNE.

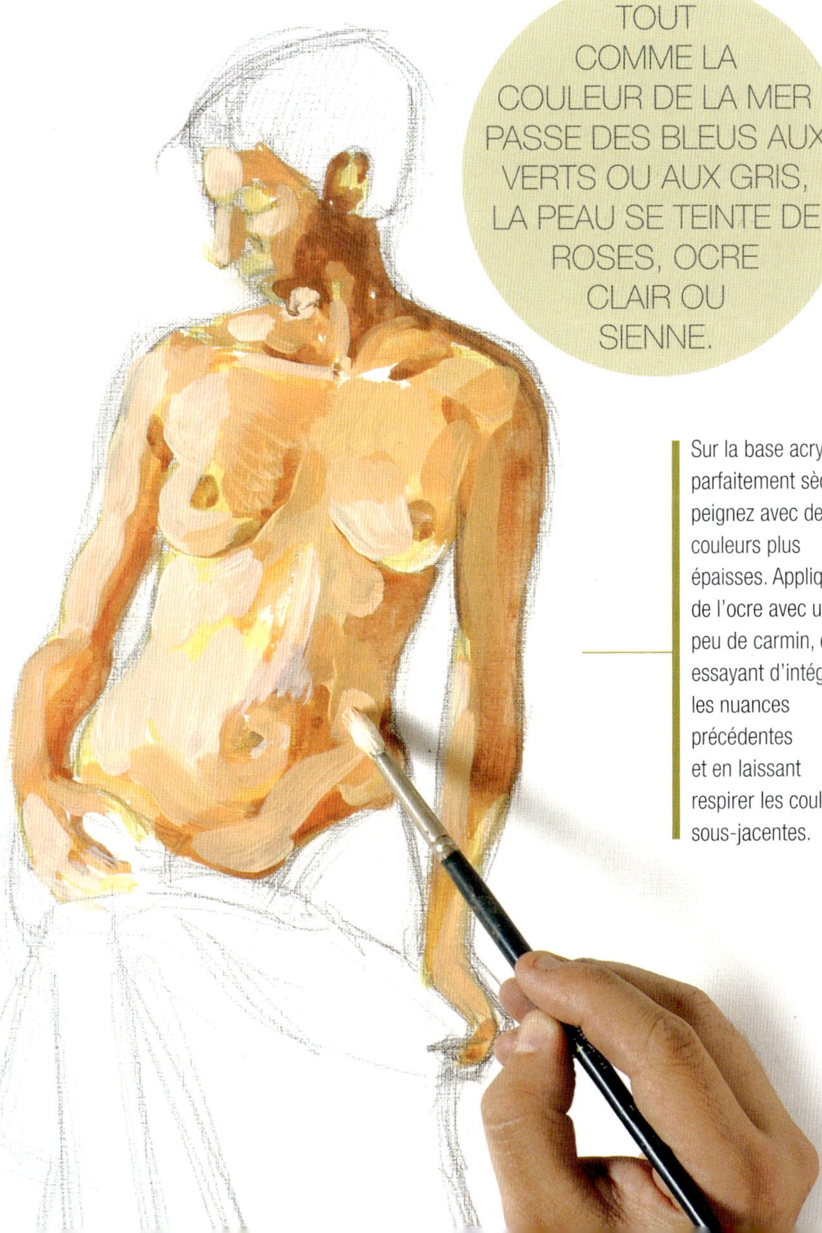

Sur la base acrylique parfaitement sèche, peignez avec des couleurs plus épaisses. Appliquez de l'ocre avec un peu de carmin, en essayant d'intégrer les nuances précédentes et en laissant respirer les couleurs sous-jacentes.

La couleur du fond

La couleur de la peau peut s'évaluer en fonction de la couleur du fond. Sur un fond aux tons chauds, il est préférable de donner à la peau une coloration rose, froide. Sur un fond de bleus ou de verts, au contraire, mieux vaut une couleur chaude, ocre jaune par exemple.

Pour réaliser un modelé, appliquez d'abord les couleurs en les juxtaposant, pour former une échelle de valeurs bien différenciée.

Pendant que la peinture est encore fraîche, passez un pinceau propre dessus pour fondre toutes les couleurs.

Passez le pinceau plusieurs fois de haut en bas pour obtenir une transition douce entre les couleurs, sans démarcation perceptible. Le résultat, c'est le modelé.

Le bleu des ombres

Les peaux de tonalités chaudes s'assombrissent avec les couleurs terre ; en revanche, pour représenter les ombres sur les peaux rosées, on emploie plutôt le bleu de cobalt, ce qui leur donne une nuance violacée.

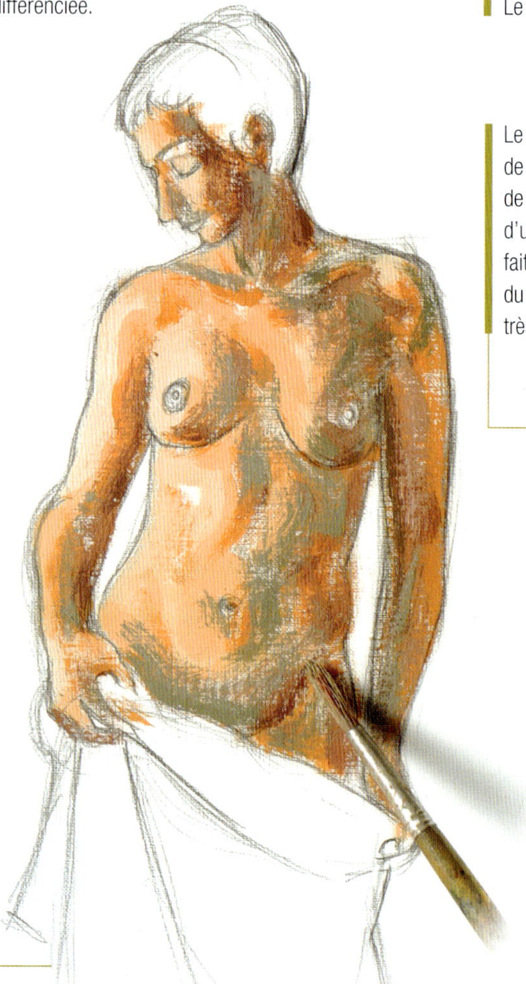

Le modelé traduit l'idée de délicatesse et d'unité de la peau. Le passage d'une nuance à l'autre se fait en douceur et le corps du modèle offre un aspect très sculptural.

Sur la couche de peinture fraîche, ajoutez des touches de gris mêlé de blanc. Le modelé est mis en pratique en essayant de fondre ce gris avec la couleur donnée à la peau. Lorsque la peinture est fraîche, passez un pinceau à poils doux dessus pour que les couleurs fusionnent.

Développement des tonalités de la peau d'une personne de carnation rosée ou blanche.

Les tons ocre et orangés sont ceux qui correspondent le mieux à la peau bronzée.

Les terre de Sienne et terre d'ombre brûlée sont des couleurs fondamentales pour peindre les peaux noires ou métisses.

Interprétation libre des couleurs de la chair

Chaque artiste représente la couleur de la peau de façon très personnelle. Certains peintres partent d'une base composée d'un mélange de carmin, de jaune et de blanc ou bien d'ocre, d'orange et de blanc. D'autres préfèrent des combinaisons chromatiques très audacieuses, aux couleurs très saturées, par exemple rouges, carmin, jaunes, avec l'ajout de violets et de vermillon pour les ombres, ou de roses mélangés à des bleus. Il n'existe pas une couleur chair universelle, au contraire, elle fait l'objet d'une interprétation libre. Néanmoins, il y a une règle incontournable : les couleurs doivent toujours être au service de l'expression des ombres et de la lumière sur l'anatomie.

Une interprétation audacieuse permet à l'artiste de rendre la peau avec des couleurs saturées et ardentes. Sur ce nu au pastel, les jaunes intenses rendent l'effet de la lumière forte tandis que les orangés, les rouges et les carmin fonctionnent pour les surfaces de peau dans l'ombre.

Les possibilités qu'offre la combinaison de couleurs chaudes comme l'ocre, le rose ou les bruns enrichissent les nuances de la peau du modèle nu.

Ferdinand Hodler (1853-1918), *Le Désir.* L'interprétation d'un nu, même la plus réaliste et la plus objective en apparence, contient une forte composante personnelle.

La beauté du **nu**

Le nu est, de tous les thèmes à traiter, le plus passionnant et le plus complet. La représentation d'un corps humain nu est riche de suggestions sensuelles. Non seulement elle offre l'occasion d'étudier une forme vivante, mais elle porte une charge subjective sans équivalent parmi tous les genres picturaux.

Le nu ne prétend pas seulement donner une vision de l'apparence extérieure du corps, mais exprime également son humanité. Il ne s'agit donc pas uniquement d'un ensemble de mesures et de données objectives liées à la forme : il y faut l'implication de l'émotion. Le nu peut se traiter de multiples façons, de la plus coloriste à la plus austère, mais aucune ne doit être incompatible avec l'originalité de la pose, l'audace de la composition, la sensualité ou la suggestion du dessin. Un corps nu, quelle que soit la pose, doit toujours suggérer, émouvoir et exprimer quelque chose.

La pose, l'attitude du modèle et la mise en valeur des courbes de l'anatomie féminine composent une vision très sensuelle du nu.

Commencer par le réalisme

La meilleure façon d'apprendre à dessiner un nu est de commencer par une interprétation réaliste, une représentation à vue du corps humain, c'est-à-dire ressemblant à l'image réelle, dans l'intention de rendre la vérité de la figure sans déformations ni embellissements. Il s'agit d'une interprétation très attentive et rigoureuse, qui exige l'attention de l'artiste et individualise la figure. Si le style et les intentions de l'artiste s'éloignent beaucoup de la représentation classique du nu, il est indispensable de partir de l'étude réaliste du modèle pour toute expression personnelle.

S'appuyer sur la sensualité

Une interprétation réaliste n'exclut pas la convocation des aspects sensuels, féminins, virils ou raffinés du nu. Ils s'expriment *via* le choix des poses, une certaine liberté dans le dessin et l'ajout de compléments et de fonds colorés autour de la figure. La sensualité est un bon contre-pied à l'excès de sérieux, qu'elle supprime d'une touche de grâce, de charme, voire d'érotisme, ce dernier étant plus traditionnellement associé au corps féminin.

Le réalisme suppose une approche scientifique du nu. Le dessin suit de près la forme réelle et les couleurs sont traitées en modelé, sans démarcation.

Entretenir sa pratique

Le dessin de nu est un exercice pratiqué par les débutants comme par les artistes professionnels pour « entretenir leur pratique » et leur connaissance des formes du corps humain. Il est important de s'exercer régulièrement au dessin de nu.

La toilette, un traitement expressif

Il existe un sous-genre pictural qui permet de traiter le nu féminin d'un point de vue intimiste et sensuel: la toilette, un thème popularisé par les peintres impressionnistes et post-impressionnistes du début du XXe siècle. Il représente le corps nu féminin dans un environnement privé et intime: la salle de bains. Pour l'exercice suivant, exécuté à l'huile, le modèle, nu, est à l'aise dans le cadre familier de sa salle de bains, occupé à sa toilette; sa pose et son attitude ont une expression naturelle, intime et sensuelle.

Femme torse nu relevant ses cheveux.

Commencez par un dessin au crayon, puis repassez au bleu de cobalt dilué. Pour éviter que cette couleur se mélange aux autres, passez un chiffon pour adoucir les traits et éviter toute épaisseur.

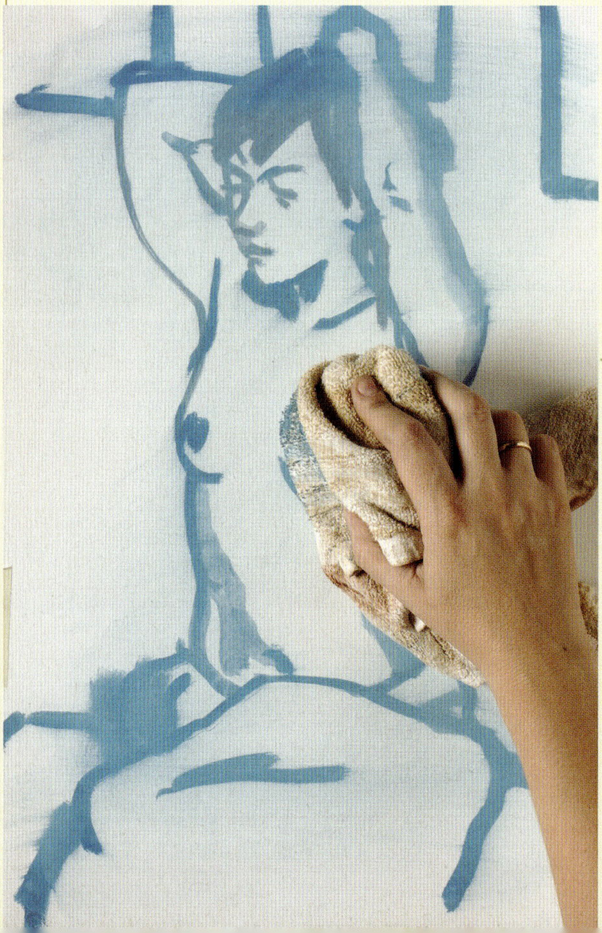

Appliquez les premières touches de couleur sur le fond et les cheveux de la jeune femme. Avec de l'ocre, du jaune de Naples rosé, de la terre de Sienne brûlée et du blanc, placez les tons chair sur toutes les zones éclairées.

Une fois l'œuvre terminée, on constate que la multitude de couleurs utilisée pour la peau, qui *a priori* pouvait sembler peu adaptée, offre, une fois incorporée à la gamme des ocres, une alternative riche et variée.

Ici, les ombres de la peau s'obtiennent par l'ajout de violet et de terre de Sienne brûlée à la couleur de base de la peau.

Les ombres du corps sont traitées avec des nuances lilas obtenues par un mélange de violet, de terre de Sienne brûlée et de blanc. Le trait bleu initial se couvre aussi de ces nuances pour que la figure s'intègre mieux sur le fond.

La serviette est couverte d'un gris dilué. Sur le reste de la toile, ajoutez des touches chargées d'orange et de magenta. La couleur verte du fond se reflète sur quelques zones sombres de la figure.

L'interprétation réaliste **de la peau**

Le réalisme prétend représenter une image fidèle de la figure, un rendu exhaustif de la vision perçue du modèle réel, sans aucune liberté laissée au dessin ou à l'interprétation pour s'approcher de la gamme chromatique de la peau du modèle dans les conditions d'éclairage données. L'objectif principal est de chercher la vérité du corps humain par une analyse sans déformations ni embellissements. La représentation précise d'un corps entier est très difficile, il s'agit ici d'apprendre à rendre les diverses colorations de la peau. On travaillera sur un torse d'un corps féminin assis. La grille picturale utilisée par l'auteur structure les zones d'ombres et de lumière sur la peau afin d'obtenir une œuvre très précise et aboutie.

L'ébauche est tracée au pinceau fin avec de la terre de Sienne brûlée diluée à l'essence de térébenthine. Le dessin est très schématique et va dépendre totalement des touches de peinture appliquées.

Les nuances principales sont placées par une coloration d'ensemble obtenue avec un mélange d'ocre, de terre de Sienne brûlée, de rouge anglais, d'un peu de bleu et de blanc pour griser et atténuer la saturation des couleurs. Il s'agit de couvrir rapidement le papier de peinture très diluée.

De nouvelles touches de couleurs très chaudes et orangées sont ajoutées sur les précédentes ; les nuances intermédiaires donnent une continuité et contribuent à lier des zones chromatiques très contrastées.

Les couleurs claires de la peau s'obtiennent en ajoutant un peu de blanc, qui adoucit la couleur chair en la grisant.

À PARTIR D'UNE APPROCHE ÉBAUCHÉE DE L'ENSEMBLE DES TONS CHAIR, ON PEUT FAIRE ÉVOLUER LE DESSIN JUSQU'À UN TRAITEMENT DÉTAILLÉ.

Après plusieurs heures de travail et de multiples applications de nuances roses et blanches, le nu prend un aspect achevé. La couleur de la peau est maintenant d'une grande richesse avec de petites nuances de bleu et de violet. Aucun autre médium ne permet le degré d'aboutissement pictural qu'offre la peinture à l'huile.

Nu au **feutre**

Les feutres se situent à mi-chemin entre le dessin et la peinture. Ils donnent des traits uniformes et continus et la transparence de la couleur autorise les nuances et la superposition de couleurs, fournissant une grande variété chromatique. En outre, les feutres un peu usés produisent un trait moins fluide et moins précis qui modifie les nuances. Pour cet exercice, les couleurs chair s'obtiennent en combinant de grandes surfaces colorées réalisées avec des feutres à pointe en biseau, et des trames superposées tracées avec des feutres à pointe ronde et très fine.

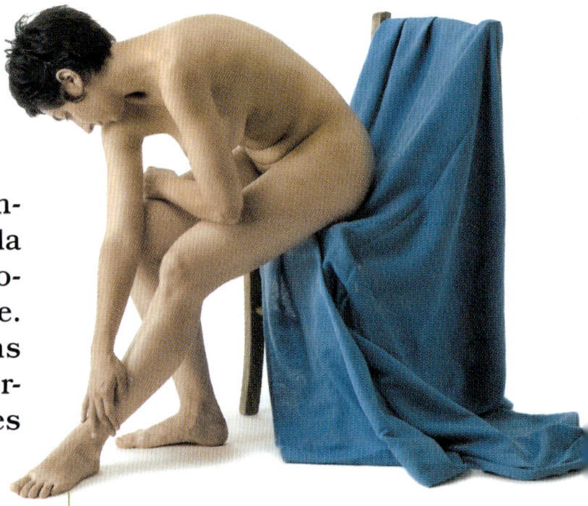

Choisissez une pose attrayante dans laquelle le modèle offre un jeu intéressant d'ombres et de lumière, avec de larges zones bien délimitées.

1. Commencez par dessiner au crayon graphite un schéma géométrique d'ensemble incluant les dimensions de base. Sur ce schéma, placez les particularités anatomiques, en marquant le volume des muscles sur le contour de la figure.

2. Passez la gomme sur le dessin pour que le trait ne soit pas trop perceptible, mais sans l'effacer complètement. Repassez les traits au feutre ocre à pointe en biseau et appliquez les premières ombres en laissant en blanc les zones les plus éclairées.

3. Avec un feutre marron à pointe très fine, retracez le contour du corps. Marquez les reliefs en obscurcissant les zones les plus sombres.

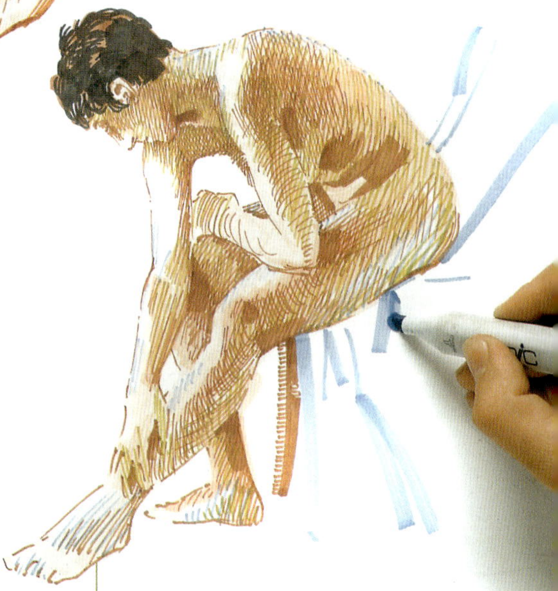

4. Les cheveux sont rendus avec de la terre de Sienne brûlée en une masse dense et sombre, mais en ménageant quelques petites réserves pour les mèches plus éclairées. Au feutre bleu en biseau, commencez à peindre le drapé à grands traits larges. Ajoutez aussi quelques petites touches bleu transparent sur la peau.

6. Couvrez les blancs du tissu d'un bleu de cyan clair ; tracez quelques traits rapides à la pointe de feutre usée. Les nuances bleues sur la jambe représentent la lumière réfléchie du tissu, qui enrichit le jeu d'ombres et de lumière.

5. Assombrissez les plis du tissu au bleu outremer, en combinant les ombres unies avec des nuances intermédiaires obtenues en traçant plusieurs trames, selon qu'il s'agit d'une ombre dense ou d'un ton moyen. Ajoutez de nouvelles nuances bleutées sur la peau pour une meilleure qualité chromatique.

Nu en **clair-obscur à l'aquarelle**

Cet exercice consiste à représenter un modèle nu à l'aquarelle avec un éclairage en clair-obscur marqué par des gradations allant de la lumière aux ombres les plus foncées. Il faut garder à l'esprit, pour le dessin d'un modèle éclairé de cette façon, le fait que la lumière n'enveloppe pas uniformément tout le corps. La partie exposée se rend avec une couleur très diluée, presque transparente, et pour la partie sombre, les superpositions de voiles peuvent se répéter jusqu'à l'obtention de l'intensité voulue. Avec la peinture à l'huile, l'effet de clair-obscur est généralement beaucoup plus marqué, les contrastes sont plus tranchés, les ombres moyennes et les tons intermédiaires sont réduits et donnent plus de relief aux contrastes extrêmes. Au contraire, l'aquarelle, médium plus délicat aux couleurs lumineuses, produit un contraste ombre-lumière beaucoup plus doux.

Nu féminin éclairé d'une intense lumière latérale produisant de forts contrastes de clair-obscur.

1. Avant de commencer à peindre, dessinez les grandes lignes de la figure au fusain pour définir la pose et les dimensions des différentes parties du corps.

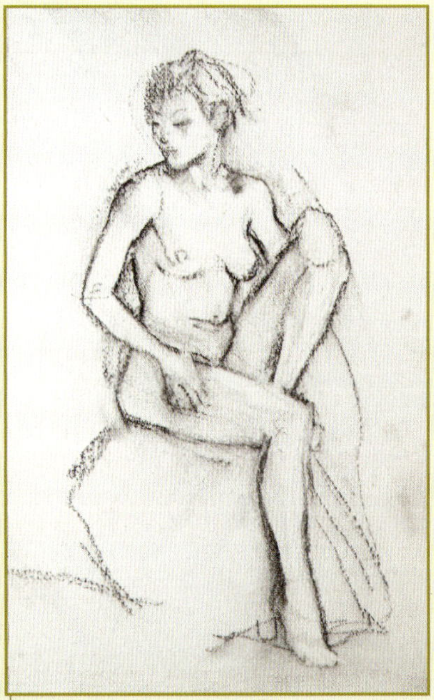

2. À partir de l'ébauche, affirmez le dessin en précisant la forme anatomique des membres, le torse et les éléments du visage. Essuyez doucement avec un chiffon les traits de l'ébauche pour que le dessin final soit le plus propre et le plus clair possible.

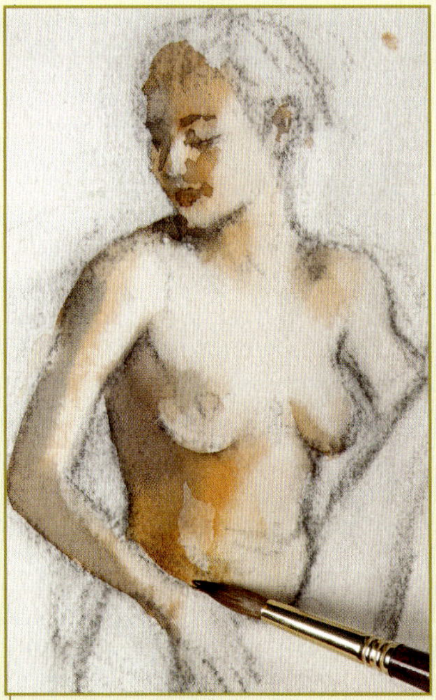

3. Avec un mélange de terre de Sienne, une pointe d'ocre et une autre de carmin, appliquez un premier voile de couleur sur la zone sombre de la figure.

Un arrière-plan sombre

Les figures qui se distinguent par un éclairage en clair-obscur se détachent mieux sur un fond sombre. Ce contraste entre le modèle et l'arrière-plan favorise la mise en valeur du contour des zones éclairées du corps, tandis que les zones sombres finissent par se fondre à l'arrière-plan.

4. Peignez les cheveux avec de la terre d'ombre brûlée mélangée à du gris de Payne, en laissant quelques mèches plus claires. Obscurcissez les ombres avec un nouveau voile de terre d'ombre brûlée. Travaillez avec soin pour ne pas dépasser les limites du dessin, en appliquant chaque ombre à sa place.

5. Pendant que le voile posé sur la jambe est encore humide, appliquez de la terre de Sienne et de la terre d'ombre brûlée sur l'ombre qui la longe de haut en bas. L'humidité du papier fait apparaître le contour en brun. Pas d'inquiétude : la couleur s'éclaircit en séchant.

6. Laissez sécher complètement et, pendant ce temps, traitez le fond. Pour obtenir un contour net de la figure, mais plus estompé pour le drapé du siège, humectez la partie inférieure du papier avec une éponge bien essorée.

8. Couvrez le fond d'un vert intense à l'aide d'un pinceau plat. Ce dernier n'autorisant pas la précision d'un pinceau fin, passez le voile de couleur jusqu'à 2 mm du contour de la figure puis, à l'aide d'une tige de roseau ou de bois en biseau, étirez-le jusqu'au contour du corps pour qu'il se découpe avec précision sur le fond.

9. Remplissez de vert foncé le vide restant au creux du bras. Assombrissez la couleur avec du gris de Payne et peignez l'ombre projetée au sol par la jambe du modèle. Le travail se fait sur support sec, mais à mesure que l'ombre s'éloigne, diluez la couleur avec un pinceau humidifié.

10. Peignez le drapé couvrant le siège avec du carmin assombri d'une pointe de vert. Introduisez quelques éclaircissements sur le voile humide en retirant de la couleur avec un pinceau sec, ce qui laisse deviner le blanc du papier.

Ombres à l'aquarelle

L'aquarelle permet de représenter les ombres avec une grande économie de moyens. Les zones les plus éclairées sont obtenues en laissant des blancs en réserve, tandis que les ombres présentent de délicates transitions tonales progressives.

11. Le travail d'ensemble fini, passez aux finitions : soulignez la forme ou exécutez de petites modifications. Ici, réduisez la largeur du cou avec une touche de vert foncé.

12. Peignez les ombres du drapé avec le mélange de vert et de carmin. Travaillez sur support sec, en appliquant des voiles légers, dégradés avec un pinceau mouillé. Pour finir, ajoutez quelques touches de lumière avec quelques traits de blanc au pastel gras. Cela doit rester ponctuel pour ne pas dénaturer l'aspect de l'aquarelle.

13. L'œuvre terminée, les contrastes sont percutants mais sans excès. La peinture à l'aquarelle ne supporte guère l'excès de finition, il est donc préférable de se limiter dans le traitement de la peau et de la combinaison de touches nuancées du drapé.

L'incidence de la lumière
sur l'anatomie masculine

L'impact de la lumière est ici la principale source de relief du corps. Sous un éclairage latéral, le volume anatomique paraît rehaussé par l'effet d'un fort contraste entre les zones les plus proéminentes, qui sont éclairées partiellement, et les ombres qu'elles projettent. La lumière naturelle donne un éclairage doux et homogène, aussi est-il préférable d'utiliser un éclairage artificiel si l'on veut mettre en valeur les reliefs de l'anatomie masculine. Avec cet exercice au pastel, l'artiste va mettre en relation l'attitude et les valeurs de l'éclairage du modèle avec les éléments de l'anatomie.

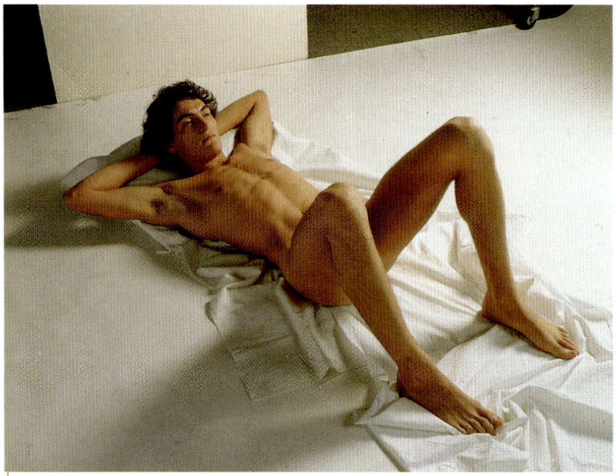

Un éclairage artificiel puissant d'origine latérale inonde le modèle. Le corps paraît nettement divisé entre lumière et ombre et la perception des formes anatomiques est amplifiée.

1. Commencez par l'ébauche de la figure avec un bâton de sanguine, pour faciliter l'effacement en cas de corrections. La mise en place doit se faire d'abord sur le dessin extérieur, le profil du corps. Placez ensuite les limites de l'ombre avec un bâton de pastel de couleur sépia.

2. Dessinez l'ombre au sol avec du pastel gris puis, avec cette même couleur, ajoutez de nouvelles tonalités sur le modèle. Estompez à la main les ombres sur le sol et le corps. Colorez en jaune la partie éclairée de la figure et le fond en blanc.

3. Les traits sont denses, sauf pour laisser entrevoir les surfaces inférieures. Ajoutez de la terre d'ombre brûlée pour adoucir le contraste. Néanmoins, la musculature du corps reste manifeste. Chaque plan d'ombre renforce les plans éclairés. Quelques traits ébauchés suggèrent les plis du drap et les ombres qui s'y forment.

4. Pour marquer le contraste, appliquez une grande quantité de blanc sur le contour de la figure. Travaillez les tons intermédiaires avec des couleurs brunes et la sanguine, tout en soulignant le contraste des ombres par un tracé léger au bâton de pastel noir, en appuyant très peu.

PASTEL DRY
PASTEL DRY
21 MAGENTA

La figure habillée
et son environnement

Si les vêtements couvrent habituellement une part importante du corps humain, ils ne suppriment nullement la nécessité d'un dessin bien structuré, respectant les proportions ainsi que l'inclinaison des épaules et du bassin. La représentation du corps habillé ne doit pas laisser croire que l'on va éviter ou cacher les formes liées à l'anatomie puisque les tissus suivent les contours des muscles et du corps et, souvent, révèlent ses pliures et ses torsions dans la pose. Selon le vêtement, l'épaisseur de l'étoffe, la position et la flexion des membres, les parties les plus proéminentes du corps seront mises en évidence : seins, coudes, fessiers ou genoux, perceptibles sous les bosses et les tensions du tissu. D'ailleurs, aux problèmes anatomiques habituels que pose le dessin de la figure habillée, il faut ajouter la prise en compte des plis et des froissements des vêtements qui influent non seulement sur l'incidence de la lumière mais aussi sur l'attitude du corps dans une situation donnée.

Berthe Morisot (1841-1895) est capable de suggérer le vêtement de Julie Monet avec très peu de touches bien choisies. Il s'agit d'une robe ample très resserrée à la taille et sur les bras.

La figure habillée

Pour représenter correctement une figure habillée, il n'est pas nécessaire de l'imaginer nue et de la couvrir ensuite avec un vêtement.

Il faut aborder le modèle habillé comme un nu : essayer de le comprendre comme un tout, la structure générale et la pose formant une entité. Très peu de vêtements permettent de voir l'anatomie en détail. En effet, la forme du corps et les plis du tissu dépendent du type de vêtements portés, de leur ampleur, du poids et de la rigidité du tissu. Les couleurs et les plis des habits forment un complément à la forme et aux volumes de la figure humaine. La variété des plis ainsi que les éventuels imprimés peuvent devenir le centre d'intérêt pictural.

Esquisse de la figure habillée

La façon la plus facile de dessiner la figure habillée consiste à la simplifier. Commencez par esquisser un cadre géométrique, comme pour n'importe quel objet, en évitant d'entrer dans les détails, c'est-à-dire en oubliant la texture ou les plis. Ce premier croquis doit définir la pose adoptée par le modèle, en veillant avant tout à la structure des membres (avec des volumes géométriques simples) et à l'apparence du contour. Notez les modifications du profil du corps dues au vêtement (torse plus épais avec un pull en laine) et les limites inférieures des vêtements.

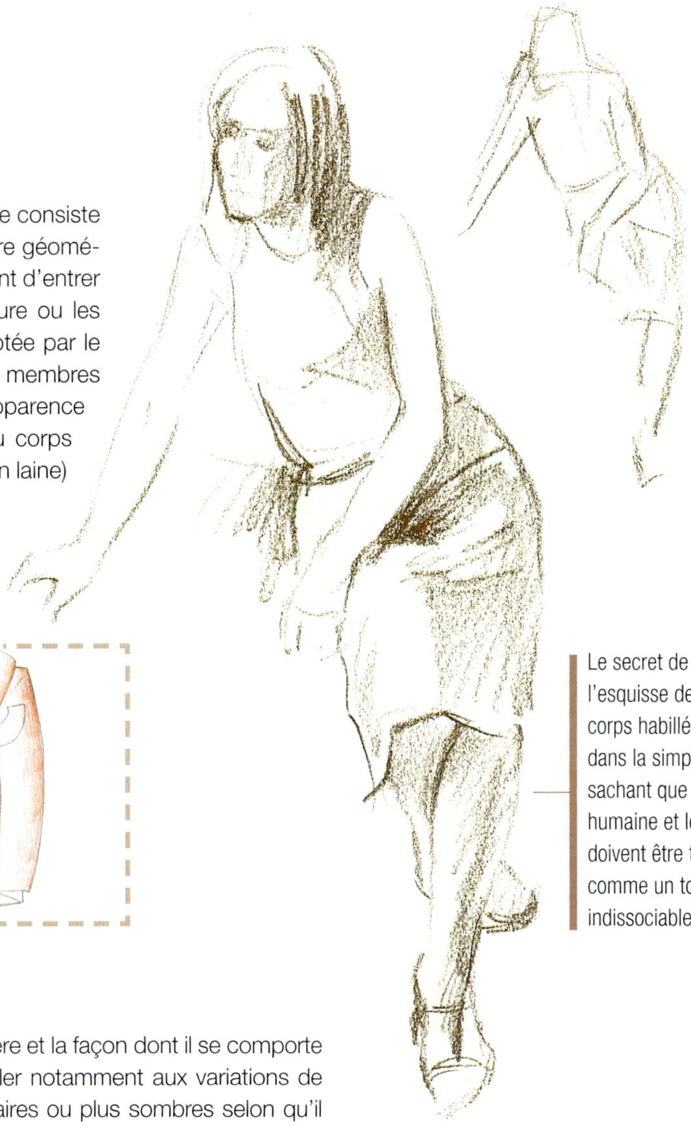

Le secret de l'esquisse des corps habillés réside dans la simplification, sachant que l'anatomie humaine et le vêtement doivent être traités comme un tout indissociable.

La synthèse du vêtement

Pour faciliter la compréhension d'un vêtement complexe, précisez sa structure sous forme de petites unités simplifiées en formes géométriques, en omettant les détails et les plis. Terminez par une ombre légère en dégradé.

Représenter les vêtements

Recréer un vêtement suppose d'observer sa matière et la façon dont il se comporte sur le corps en fonction de sa texture. Il faut veiller notamment aux variations de couleurs, observer comment elles se font plus claires ou plus sombres selon qu'il s'agit d'une surface éclairée ou dans l'ombre. Commencez par dessiner au crayon le modèle habillé, puis couvrez le corps d'une coloration générale, en différenciant les surfaces éclairées des zones dans l'ombre. Pour finir, travaillez les textures et le détail des plis avec des touches très précises, concrètes, en veillant à leur direction et à la courbe formée par les reliefs et les creux.

La première couleur à l'huile sur une figure habillée correspond à la teinte du vêtement, avec une première approche des ombres et de la lumière.

Peindre **les vêtements**

Les aspects les plus importants de la figure habillée sont les couleurs, le tombé du vêtement et la forme des plis. Pour les peintres comme pour les amoureux de la couleur, le vêtement peut devenir une surface de liberté en matière de graphisme, de combinaisons chromatiques ou de motifs. L'intérêt réside également dans la texture ; la maîtrise du procédé utilisé et de la technique est déterminante pour reproduire l'effet des matières et des étoffes.

Passez l'aquarelle sur support humide pour reproduire la sensation tactile de douceur d'un vêtement en angora.

L'indication des volumes du corps

Le vêtement masque certes le corps nu, mais la position de ce dernier est plus ou moins évidente selon les pliures, qui révèlent le volume sous-jacent. Les plis du vêtement peuvent être très serrés et nombreux à l'emplacement des articulations. D'autre part, les tensions de l'étoffe et la forme du pli donnent des informations non seulement sur la position des membres, mais aussi sur le volume des parties les plus saillantes, par exemple les fesses, les seins, le ventre ou le genou.

1. Dessinez d'abord le vêtement avec des lignes, puis esquissez la silhouette de la figure et soulignez chaque pli.

ATTENTION AU DESSIN DES VÊTEMENTS AJUSTÉS QUI, À L'INVERSE DES VÊTEMENTS AMPLES, NE MASQUENT PAS LES DÉFAUTS DE L'ANATOMIE.

Les plis du costume soulignent l'anatomie et signalent l'endroit exact où se produit la flexion des membres.

Chaque action, chaque posture crée des tensions sur le tissu. Apprenez à les reconnaître et à reproduire leur effet en peinture.

Le modelé et les ombres façonnent la surface du costume comme s'il s'agissait d'une sculpture marquant les creux et les bosses.

Gradations au crayon aquarelle

Pour peindre les habits, le plus important, outre le rendu de la luminosité et de la texture du tissu, consiste en une représentation juste des plis et des changements de couleur dus aux ombres. Ces dernières apparaissent à l'intérieur des plis, tandis que les parties plus saillantes sont claires. Un simple essai aux crayons de couleurs permet de le vérifier. Ainsi, deux ou trois couleurs en camaïeu, par exemple un rouge et deux roses, peuvent matérialiser les plis, la luminosité et le tombé du vêtement. Les crayons de couleurs aquarelle associés à un pinceau humide sont parfaits pour effectuer un travail délicat : ils offrent des nuances douces et un résultat subtil et précis.

2. Ombrez complètement le vêtement avec le crayon rose le plus clair. Cette couleur deviendra la couleur de base, celle qui donnera l'éclairage sur le vêtement.

3. Avec le rouge et les tons roses, marquez les ombres des plis. Les surfaces éclairées restent de couleur rose. Pour fondre les traits, estompez les couleurs avec un pinceau humide.

Plis et **drapés**

La relation entre le corps humain et le drapé remonte à plusieurs siècles, à l'époque où les étudiants en art devaient représenter avec précision les plis des tuniques de la sculpture classique. Cette préoccupation reste présente de nos jours, en raison de la variété et de l'importance de l'étoffe dans le vêtement contemporain. Les drapés posent un problème de représentation, de dessin et de modelé qui intéresse toujours l'artiste souhaitant représenter le corps vêtu.

Différents plis

Pour bien dessiner les drapés, il faut les voir comme des formes abstraites, en observant le tombé du tissu, la ligne du pli, sa position et la parabole que décrit sa courbe. Il faut travailler les drapés à partir d'une structure simple résumant la forme créée par la répartition des plis : vagues, boucles ou éventail. À partir de ces croquis simples, on peut recréer les typologies de tissu avec l'ombre et le modelé. C'est une façon d'apprendre à résoudre le problème des plis selon l'étoffe dont est fait le vêtement. Une fois que vous saurez distinguer et reproduire ces différences, vous pourrez représenter n'importe quel habit.

Les plis en ondulations sont esquissés par des lignes courbes, puis complétés par des ombres en dégradés (**a**).
Les fronces présentent des plis en diagonale ; les ombres se marquent dans le creux de chaque pli (**b**).
Les plis peuvent former des vagues ou des arabesques ; une ombre très contrastée accentue l'effet de relief (**c**).
Les plis de biais, de forme tubulaire, sont disposés en éventail. Pour leur donner du relief, il faut un petit dégradé sur chaque pliure (**d**).

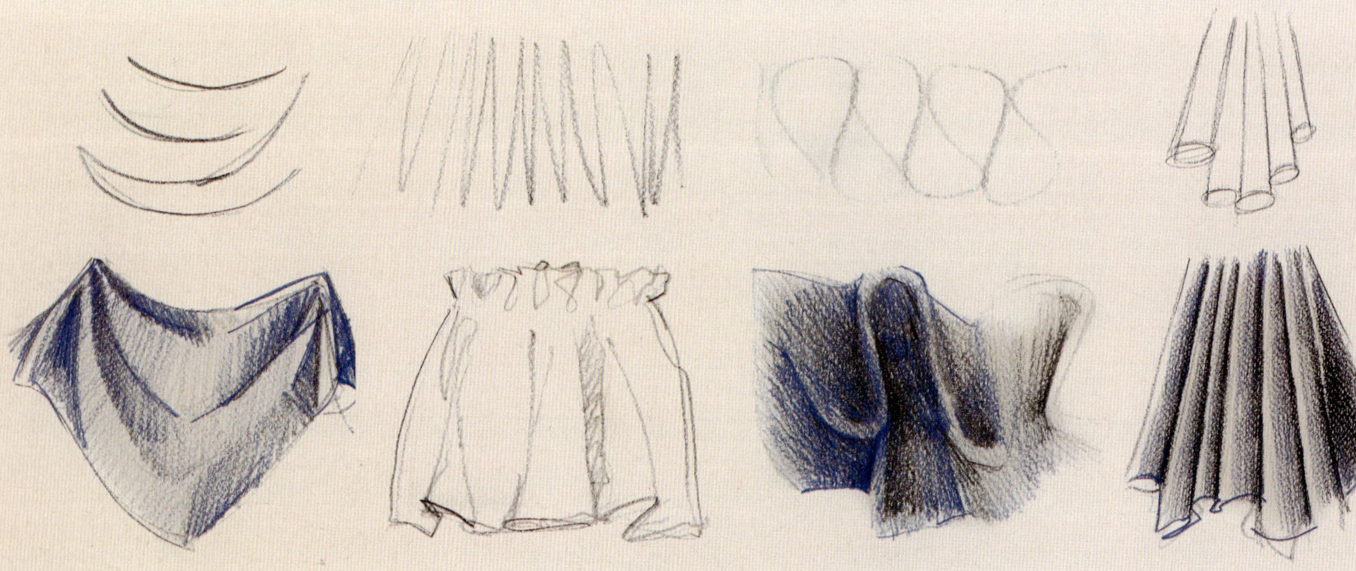

a **b** **c** **d**

Les plis définissent le tissu

La raideur, la douceur et le contraste présentés par les plis ou pliures d'un vêtement sont riches en informations sur la nature du tissu avec lequel il est confectionné. Quand il est épais mais souple, les plis ont des dégradés subtils et l'ombre s'étend sur toute la surface du vêtement. Certains tissus très légers se froissent énormément, un effet rendu par de nombreux plis et courbes, évoquant des arabesques. Sur un vêtement en tissu raide ou amidonné, les plis son amples, très linéaires et extrêmement géométriques ; ce tissu ne se froisse pas facilement.

Une fois les plis dessinés par des traits linéaires, l'effet de volume est rendu par des transitions subtiles de tonalités et des ombres très contrastées dans les creux. Ici, un bel exemple à l'aquarelle.

Peindre le drapé

Pour s'exercer au traitement des plis de l'étoffe d'un vêtement, rien ne vaut la peinture des drapés. Le modèle peut être un drap posé sur un siège ou au bord d'une table. L'objectif est de saisir, de façon convaincante, le tombé du tissu et d'expliquer les contrastes d'ombre et de lumière.

Pour signifier que l'étoffe de la veste est souple, les plis présentent des dégradés et peu de contraste.

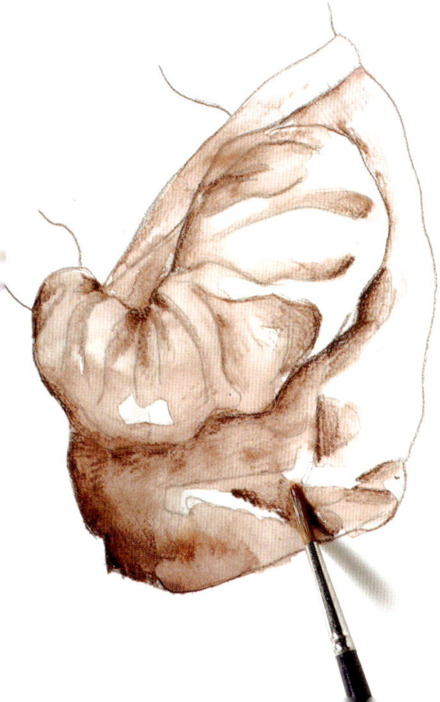

Les vêtements en soie ou en lin se froissent facilement, un effet qui peut se rendre par des plis désordonnés formant des arabesques.

Lorsque l'étoffe est raide, les plis présentent une forme géométrique flagrante. L'ombre très foncée indique l'incidence d'un éclairage intense.

Initiation à la **figure habillée**

Une fois maîtrisée la façon de structurer le dessin d'un corps habillé, il est temps de mettre en pratique les connaissances acquises. Vous pouvez commencer avec un exercice à l'huile peu complexe : une figure assise portant un vêtement très simple. Le traitement sera très schématique pour concentrer votre attention sur la réalité du volume de la figure et les conditions d'éclairage, sans vous laisser distraire par les détails ou les couleurs. Exécutez un dessin très simple au fusain sur lequel vous poserez des applications de peinture peu diluée.

Limiter l'ajout d'essence facilitera les mélanges et fondus entre les différentes couleurs pour former les dégradés.

1. Dessinez le modèle assis avec un fusain sur du papier pour huile Figueras. Repassez les traits avec un violet dilué et traitez le vêtement avec trois tons seulement : mauve clair, mauve bleuté de nuance moyenne et violet foncé. Ces couleurs se fondent en formant des dégradés évoquant la rondeur des membres du modèle, visible sous le vêtement.

Habillé comme nu

Le corps habillé se voit appliquer les mêmes règles structurelles et présente les mêmes articulations anatomiques que le corps nu. De même, il faut rester attentif à l'inclinaison de la ligne du bassin et des épaules pour déterminer la pose.

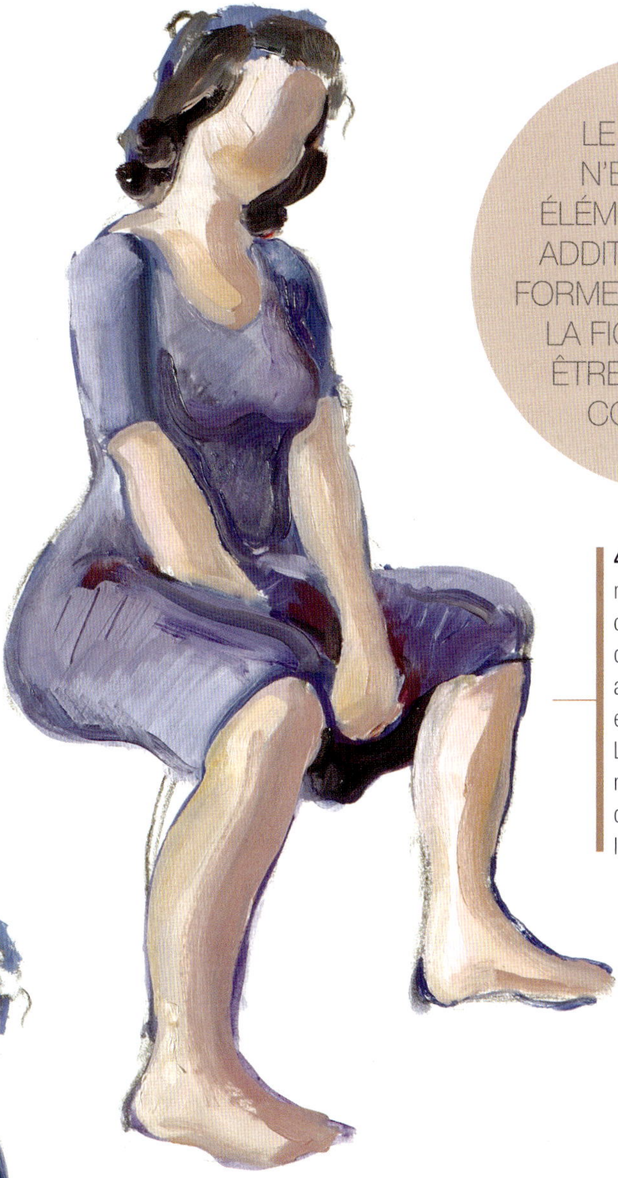

LE VÊTEMENT N'EST PAS UN ÉLÉMENT ISOLÉ OU ADDITIONNEL, MAIS FORME UN TOUT AVEC LA FIGURE ET DOIT ÊTRE INTERPRÉTÉ COMME TEL.

2. Le traitement du vêtement est simple mais efficace. Poursuivez avec la coloration de la peau. Préparez sur la palette une couleur rose avec beaucoup de blanc, puis appliquez-la sur le visage et les membres.

4. Pour finir, faites les retouches nécessaires et marquez quelques contrastes sur le vêtement. Appliquez des pointes de bleu plus sombre autour des bras et un peu de noir entre les jambes, là où s'ouvre la jupe. Le visage reste ébauché, cet exercice ne visant qu'à comprendre la structure de la figure habillée et à rendre le volume par les dégradés.

3. Ajoutez alors les ombres, rendues avec de la terre de Sienne brûlée mélangée avec un peu du violet utilisé pour le vêtement. Puis, fondez les deux tons pour adoucir les transitions ombre et lumière sur la peau.

Du schéma à la **figure habillée**

Dessiner un modèle habillé suppose de le comprendre dans son ensemble, le vêtement formant avec le corps un tout indissociable. En général, lorsque l'on utilise un schéma géométrique, on traduit le corps en formes volumétriques très simples et, à mesure que le dessin progresse, on précise les traits et on ajoute les tons, les ombres et les plis du vêtement. Cet exercice est simple; il s'agit d'une femme avec une enfant sur la plage. Il est entièrement exécuté au fusain, un médium rapide et direct qui, en outre, autorise sans difficultés les corrections et les modifications.

Commencez en dessinant les figures avec des vêtements ordinaires et simples ; ici, un fort éclairage latéral participe à la construction du volume des corps.

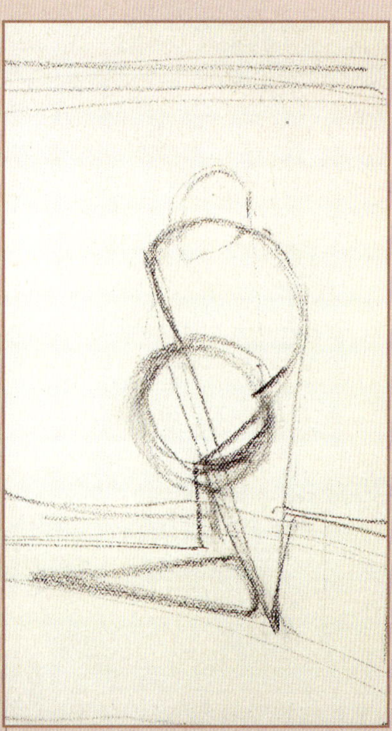

1. Les deux personnages ne doivent pas être traités comme deux formes isolées mais comme formant un tout pouvant se résumer à quelques formes géométriques planes ; ici, deux cônes et trois cercles de dimensions différentes

2. Le cône inversé forme la base du corps des deux figures. La tête et les bras de l'enfant se résument à un cercle, et une forme ovale représente la tête de la femme.

3. Insistez sur le contour, en l'effaçant et en le repassant si nécessaire. Petit à petit, la forme des deux figures apparaîtra, laissant deviner le profil de la femme et de l'enfant.

4. La mise en place initiale facilite grandement le dessin précis des personnages. Travaillez le contour des bras et des jambes avec un trait plus ferme et définitif.

5. Marquez l'effet des ombres sur le vêtement en utilisant le biseau du fusain. Les dégradés donnant le volume sont obtenus par dispersion du pigment à l'estompe.

6. Dessinez les plis d'un trait ondulant et ouvrez des rehauts de lumière à la gomme. Le dessin offre une gamme de tonalités simplifiée, les ombres formant des masses compactes qui donnent une unité à l'image.

Un modèle sur le vif
à l'aquarelle

Le modèle est une jeune femme dans une cabine téléphonique, ce qui suppose qu'elle va rester plusieurs minutes dans une position plus ou moins statique.

L'exercice précédent concernait un modèle habillé traité au fusain ; cette fois, il s'agit d'utiliser les couleurs, en l'occurrence les voiles colorés de l'aquarelle. Celle-ci offre une vision plus riche des problèmes de représentation de la figure, avec la couleur, la lumière et l'introduction de quelques notions de l'espace alentour. L'aquarelle permet de travailler en extérieur et de saisir des modèles au naturel, sur le vif et sans complications techniques. On peut obtenir un résultat en quelques touches.

IL N'EST PAS NÉCESSAIRE DE MARQUER LES PLIS ET LES OMBRES, LA FIGURE SE CONSTRUISANT PAR LA COULEUR, À PEINE MODELÉE.

1. Le dessin préalable est essentiel pour saisir l'élégance de la figure et sa posture devant la cabine. Dessinez le contour du corps en quelques lignes, le trait se prolongeant sous le vêtement pour mieux appréhender le rythme du corps.

2. Pour les cheveux et la veste, mélangez du carmin, du bleu outremer foncé et un peu de noir. Le voile coloré ne déborde pas du dessin préliminaire. Le contour postérieur du bras se fait en laissant une ligne blanche sur le papier.

Peu de couleurs

Pour peindre des gens sur le vif, travaillez avec très peu de couleurs. Les touches qui définissent les vêtements sont plutôt planes, les plis ou les ombres étant à peine suggérés. Quelques parties du corps peuvent même rester inachevées.

3. Avec le mélange de noir et de carmin, prolongez la touche sombre jusqu'en bas pour dessiner les jambes. Le volume est donné par l'éclaircie subtile de carmin parcourant le centre de la jambe de haut en bas. Abordez le sac en travaillant avec la pointe du pinceau avec une pression minimale pour obtenir une ligne très fine.

4. Avec un peu de voile carmin et une pointe de bleu, réalisez l'imperméable ; ne vous lancez pas dans une grande étude de plis, au contraire, il s'agit d'un traitement très synthétique, conservant le blanc du papier pour les surfaces les plus éclairées. Même solution pour le sac dont les reflets sont rendus par des traits en blanc. Un peu d'ocre et de rose suggèrent les mains et quelques lignes mauves évoquent la cabine téléphonique.

Croquis à l'huile : l'attrait du vêtement

L'huile est un procédé idéal pour recréer la texture et les plis du vêtement, surtout s'il y a pléthore de nuances, de couleurs, divers types de plis, voire des imprimés. Pour vous familiariser avec la technique, exécutez de nombreux croquis de modèles habillés : adultes, personnes âgées et enfants, en essayant de reproduire leurs vêtements sous forme d'une esquisse légère. Ensuite, pour éviter que le modelé ne soit trop contrasté et raide, passez plusieurs fois la pointe du pinceau sur les couleurs et les ombres afin de les fondre légèrement entre elles.

Les plis et la diversité des ombres que produit ce vêtement complètent les volumes de ce modèle enfantin.

1. Faites un dessin au crayon puis, lorsque le résultat est satisfaisant, fixez le trait par des touches de violet très dilué à l'essence de térébenthine ; le pinceau doit être très fin. Marquez quelques ombres avec cette même couleur.

2. Avec trois ou quatre nuances différentes de jaune, dessinez la veste de la fillette. La couleur est épaisse dès le début. Appliquez la couleur à peu près partout et ajoutez un peu de blanc sur les parties plus éclairées, du violet et de la terre de Sienne brûlée sur les ombres formées par le revers et sur les plis.

Les dégradés se trouvent juste à côté du pli, les valeurs les plus claires sur les reliefs et les plus foncées dans les creux.

Lorsque la lumière est vive et qu'il y a beaucoup de plis, la ligne des plis doit être clairement visible.

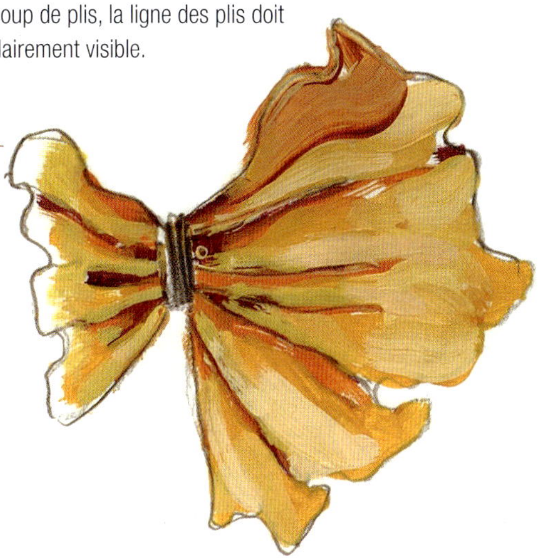

3. Les couleurs ont été appliquées *alla prima*, une partie du mélange est réalisé directement sur le support ; les diverses nuances de jaune se fondent pour éviter que les coups de pinceau apparaissent isolés et sans cohésion. Peignez les chaussures avec un ocre éclairci de blanc. La peinture est très couvrante, mais il faut respecter les traits violets de départ pour souligner certains contours.

4. Le vêtement blanc est obtenu avec un dégradé de blanc de titane et de gris-violet. La peinture est épaisse pour souligner la trace des coups de pinceau qui suivent la direction des plis. Les rayures et les imprimés sont esquissés et estompés. La peau est rendue par un mélange d'ocre et de carmin blanchi.

Deux figures en **clair-obscur**

Le clair-obscur est une technique très utilisée lorsque la scène est éclairée par une seule source lumineuse, par exemple en intérieur. L'exercice suivant met ce procédé en pratique à l'acrylique pour représenter deux femmes placées autour d'une table, éclairées par une lampe. Cet éclairage proche, chaud et ténébriste à la fois, produit un modelé puissant sur les volumes. Le rendu de la peau doit être traité avec délicatesse par l'application de quelques rehauts sur les reliefs des visages; les tons intermédiaires dominent presque toute la scène, soulignant son ambiance paisible.

Il s'agit de représenter deux femmes habillées éclairées par la lumière artificielle d'une lampe créant d'intéressants effets de clair-obscur.

L'éclairage des personnages

À partir d'un fond sombre, apportez progressivement la lumière sur les figures. Commencez par les ombres les plus claires, poursuivez avec les zones éclairées du corps et pour finir, traitez les reflets, c'est-à-dire les points où la lumière est la plus intense. Les rehauts n'ont aucun effet s'ils sont trop nombreux et dispersés sur toute la toile; il faut les concentrer sur les parties marquant le contraste et soulignant l'effet de volume. De cette façon, l'éclairage apporté au modèle aura pour résultat de faire émerger le volume de la pénombre.

1. Préparez le support avec un mélange de bleu de Prusse, de terre d'ombre brûlée et d'un peu de violet. Il ne s'agit pas de peindre d'une couleur unie mais de former un dégradé, le bleu sur la gauche étant plus clair à cause de la lampe diffusant l'éclairage de la scène.

2. Laissez sécher environ une demi-heure avant de dessiner directement avec un pinceau moyen chargé d'un violet intense, épais, dilué avec très peu d'eau. Procédez en traçant un croquis des contours des premières touches.

Croquis en violet

Dessiner en violet ou en bleu intense sur un fond de même couleur mais un peu plus clair, est une solution très courante parmi les artistes. Ne faites pas un trait trop contrasté; utiliser des couleurs de la même gamme implique un processus d'intégration dès la première étape du travail.

La recherche des nuances intermédiaires qui serviront ici se construit à partir d'une gamme de bleus et de violets.

3. Peignez les premières touches sombres des cheveux avec de la terre d'ombre brûlée mêlée à du violet. Avec un mélange de plusieurs nuances de violet et de carmin rosé, ébauchez le vêtement de la femme debout, en marquant la limite entre la zone éclairée et la zone d'ombre.

4. Ajoutez une pointe de violet aux bruns comme la terre d'ombre brûlée ou l'ocre pour mieux les intégrer à l'ensemble. Peignez la nappe avec la combinaison des mélanges entre ces couleurs. Donnez les premières touches à la peau avec un mélange de terre de Sienne brûlée, d'une pointe de violet et d'une de blanc.

5. L'acrylique sèche très vite, ce qui permet d'ajouter de nouvelles touches sans qu'elles se mélangent à la couleur sous-jacente. Peignez le vêtement de la femme assise avec un ocre éteint au violet et ajoutez des touches de couleurs plus chaudes sur la peau. Marquez l'intensité de la couleur du foulard posé sur la table par un mélange de carmin et de rouge.

L'utilisation de la couleur du fond

Les figures se construisent par touches de couleur contiguës, remplissant la surface de la toile comme s'il s'agissait d'un puzzle. Parfois, la peinture ne couvre pas complètement le fond, laissant de petites surfaces découvertes pour que le bleu du support apporte une tonalité sombre ou souligne le contour d'un membre. Lorsque l'on travaille sur un fond coloré, ce dernier doit être intégré à l'œuvre, apparaissant entre les touches. Il serait donc absurde de le recouvrir totalement.

6. Les premiers rehauts de la figure assise sont obtenus par un mélange de carmin avec une pointe d'ocre et de blanc, appliqué au pinceau rond fin, en formant des dégradés intégrant les dernières applications aux précédentes. Il ne s'agit pas de faire un portrait mais de rendre les surfaces éclairées avec très peu de détails.

7. Ajoutez d'autres rehauts sur les cheveux et le visage puis, avec de la terre d'ombre brûlée, évoquez l'imprimé du vêtement par de simples touches, légèrement espacées, sans rechercher aucune précision.

8. Pour la peau, éclaircissez progressivement les nuances en appliquant des teintes diluées qui éclaireront les tonalités précédentes. Peignez l'abat-jour de la lampe avec un gris-violet, du blanc au centre et du jaune sur les bords. Placez les premiers rehauts sur le visage du modèle debout.

La peinture acrylique devient transparente en séchant, mais si l'on ajoute un peu de blanc à une couleur, elle gagne en opacité. Cet ajout s'impose pour les rehauts de la peau.

9. L'éclairage sur la table et la lampe ont été rendus par l'association de jaunes et de violets, avec un peu de blanc pour unir ces deux couleurs si éloignées sur le cercle chromatique. Le tombé de la robe du modèle debout est modelé par des touches marquant la séparation entre les parties éclairées et les parties dans l'ombre.

10. Les couleurs et les nuances sont modifiées, retouchées, par de très petites touches de couleur jusqu'à obtenir le résultat voulu. Pour construire l'ensemble, chaque plan lumineux s'est vu appliquer un traitement, estompé et modelé pour la figure assise, au premier plan donc plus proche, et plutôt ébauché, moins travaillé pour la figure debout, au second plan.

L'effet de la lumière
sur une veste en cuir

Parmi les nombreuses textures que peuvent présenter les vêtements, la peau ou le cuir constituent un thème particulier. Cette matière offre en effet une forte luminosité, accentuée sur la partie saillante des plis. La texture des peaux brillantes rassemble une grande variété de contrastes, alternant des zones complètement sombres avec des tons moyens et des reliefs présentant un brillant satiné accentuant nettement les reflets. Pour cet exercice, le modèle assis porte une veste en cuir; la position met en valeur un bras plié, dont la flexion provoque des plis très prononcés dessinant des arabesques intéressantes et des contrastes modérés sur la texture du cuir. On utilise du fusain, de la craie blanche, du marron foncé, de la terre de Sienne et une sanguine.

Détail d'une figure assise portant une veste en cuir. Le bras plié offre un jeu d'ombres et de lumière intéressant.

1. Réalisez la première ébauche de la figure avec la pointe de la sanguine. Veillez surtout à la position du bras et à la forme du foulard, et marquez les plis les plus proéminents. Le visage, masqué par les cheveux, ne pose pas de problème.

2. Avec un petit morceau de sanguine, ombrez le fond en soulignant ainsi le contour de la figure. Estompez à la main en étalant le pigment de la sanguine sur toute la surface. Il s'agit de créer une ambiance et d'obtenir un ton moyen sur lequel il sera très facile d'effectuer des rehauts de blanc.

Dessin en deux étapes

Avec les craies de couleur, le brillant du cuir s'obtient en deux étapes clairement distinctes : la première consiste à résoudre l'approche du dessin et l'ombre des plis, les zones claires étant placées avec des nuances beaucoup plus claires, à peine colorées en passant la main chargée de sanguine ; la seconde étape consiste à ajouter les blancs qui complètent la texture et donnent le brillant satiné caractéristique du cuir.

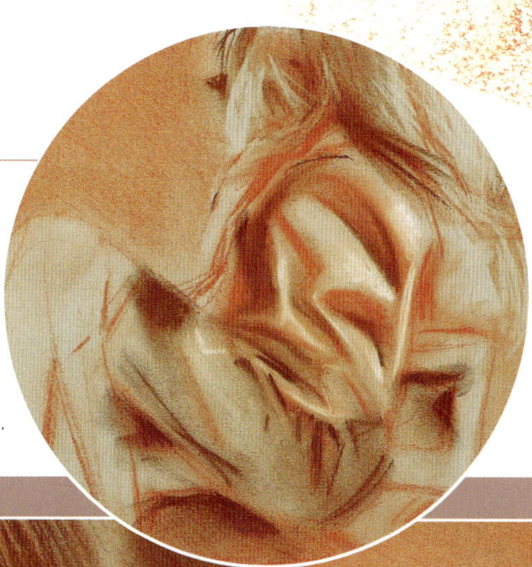

3. Avec la craie marron foncé, travaillez les cheveux en traçant directement des traits fins pour reproduire leur texture. Assombrissez les plis du bras pour marquer les ombres et rehausser les zones de lumière sur ce qui commence à ressembler à de légères touches de blanc.

4. Définissez la forme de la chaise qui se détache sur le fond marron foncé et soulignez-en les contours au fusain. La valeur des plis s'assombrit par le contraste de l'apport du fusain et se modifie à nouveau avec la craie marron, en appuyant beaucoup plus sur les contours exigeant plus de précision.

5. Le fusain est utilisé de façon plus générale pour récupérer certains contours et souligner le contraste des zones les plus sombres. Chaque apport de couleur est estompé au doigt pour rendre le modelé caractéristique du cuir. Pour finir, accentuez les reflets satinés à la craie blanche car ils permettent un meilleur rendu de la forme et du volume des plis sur la manche.

Edgar Degas (1834-1917). Sur cette huile intitulée *La Coiffure*, le peintre utilise la couleur, une dominante de rouges et d'orangés, pour envelopper la figure dans une atmosphère chaude. Seules quelques minces lignes de violet foncé permettent de distinguer les limites de la figure et le pli d'un rideau.

La figure dans **son environnement**

Rarement isolée, la figure se présente plutôt dans un contexte, sur un fond organisé en une scène d'intérieur où se trouvent des objets quotidiens, ou dans un décor urbain où elle est en relation avec d'autres figures, en extérieur.

Les œuvres où les personnages interagissent avec leur environnement, ou un contexte précis, sont beaucoup plus intéressantes que la représentation d'un modèle nu posant sur l'estrade d'une école d'art. Elles reflètent une histoire, saisissent le personnage en action : un groupe de gens discutant, se promenant dans la rue, une femme lisant près d'une fenêtre… Il s'agit de représenter non seulement la figure humaine mais aussi son activité, au quotidien, et la vie qu'elle introduit dans l'espace qui l'entoure.

Le degré de résolution de l'espace

Avant de dessiner un lieu habité de personnages, il faut envisager l'équilibre entre ses composantes : la relation entre la figure et le fond, la priorité donnée à l'architecture ou à l'espace (intérieur ou extérieur) dans lequel elle se trouve ou si, au contraire, les figures vont constituer le centre d'intérêt, et alors le fond sera l'esquisse d'un décor rendu avec un minimum de traits et de touches de couleurs, une simple structure délimitant et situant la scène. Ces premières décisions déterminent la composition et le nombre de personnages placés dans l'espace en question.

Quelques traits marquant la structure délimitent l'espace intérieur, tandis que les figures sont traitées par des lignes rapides et nerveuses, les plus proches montrant des positions identifiables.

Figures et fleurs

Nombre d'artistes associent leurs nus féminins à des fleurs. Il s'agit d'une métaphore de la beauté de la femme reflétée par la beauté de la nature. Le chromatisme des fleurs joue en faveur de l'œuvre. Cet élément végétal est généralement ajouté sans la nécessité d'en préciser les formes ; les fleurs sont en effet suggérées, plus que représentées, par des touches de couleurs vives évoquant leur présence et éventuellement celle d'un vase.

Les contrastes de couleurs suggérant les arbres fruitiers du fond sont rendus par des touches très déliées qui soulignent l'austérité chromatique de la figure.

De la posture au geste

Les modèles nus tendent à prendre une attitude rythmée et harmonieuse pour proposer une pose séduisante. Mais lorsqu'il s'agit de saisir les corps dans leur environnement, ils agissent et bougent de façon naturelle, se touchent, s'appuient les uns sur les autres et communiquent par gestes. Par conséquent, pour représenter un groupe de personnes, il faut s'efforcer de décrire ces mouvements particuliers qui peuvent être fixés en un geste, dans des positions plus naturelles et moins strictes que celles que propose un modèle en atelier.

La relation entre la figure et **le fond**

La plupart du temps, la figure représentée n'est pas totalement isolée, il lui faut un contexte où situer son activité, étendre la représentation au-delà de la figure même pour créer en fond un espace né d'une combinaison de formes estompées et de plusieurs plans de couleur suggérant la profondeur, la lumière ou l'atmosphère. Le fond peut aller du plus simple au plus complexe ; pas nécessairement profond, il peut se limiter à un traitement chromatique, même abstrait, entourant la figure et construit par un libre jeu de touches colorées.

Nu sur fond imprimé

L'addition d'un fond imprimé ou coloré provient de l'idée d'habiller le nu, d'utiliser une gamme de couleurs plus large et contrastée que ce qu'autorise la peau. Pour cela, on enveloppe la figure dans un contexte qui lui donne un intérêt plastique et accentue son aspect pictural. Bien entendu, un nu peut avoir une existence parfaitement indépendante sans la nécessité de travailler le fond ; néanmoins, beaucoup d'artistes introduisent plus d'éléments dans le cadre pour mettre le nu en valeur.

Les fonds imprimés apportent des couleurs et des motifs intéressants autour de la figure.

L'ajout d'éléments très colorés dans le décor, coussins ou tissus imprimés, a pour objet d'amplifier l'émotion picturale du nu.

Expliquer ou suggérer ?

Lorsque l'on veut donner un rôle au personnage, il vaut mieux suggérer son environnement plutôt que rechercher trop de précision. Cela peut se faire en esquissant l'intérieur d'une maison, les bâtiments d'une rue, le mobilier ou le fond d'un jardin, ou par des touches et des traits, des formes plus ou moins abstraites. Autrement dit, ces couleurs peuvent être apportées sans nécessité de décrire la forme des objets présents derrière le modèle. L'artiste peut poser des taches de couleurs contrastées évoquant sans expliquer une fenêtre, un canapé, un balcon… Il faut donner sa liberté au trait ou au geste de son pinceau et non se sentir contraint par le modèle naturel.

Le contraste montre le contour

Les couleurs de la figure et du fond, bien que très distinctes, se complètent afin de détacher le profil de la figure par le contraste. L'unité de l'œuvre est obtenue en donnant le même modelé à la peau de la figure et aux couleurs du fond.

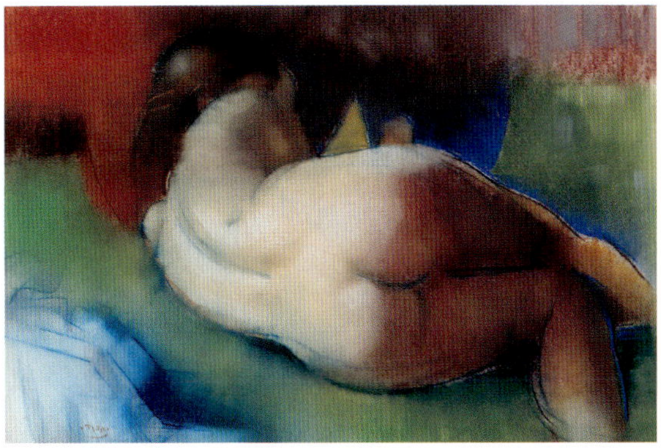

Le fond suggère une fenêtre, un espace physique ; il est obtenu par une multitude de touches abstraites de couleur en une sorte d'écho des tons de la peau du personnage.

Mieux vaut suggérer le fond que détailler le mobilier et les objets. Rien ne doit voler la vedette à la figure.

Scène d'intérieur avec figure : décor et ambiance

La présence d'un personnage dans un intérieur permet d'aborder le problème de la perspective et de nouveaux jeux de lumière intéressants affectant sa perception. La figure n'est plus isolée, un simple élément superposé à un fond, mais doit être intégrée et se fondre dans l'atmosphère du lieu. Les intérieurs offrent de multiples scénarios possibles pour la figure : près d'une bibliothèque ou d'une fenêtre, dans un vaste salon… Il faut veiller aux relations entre l'ombre et la lumière, celles des formes et des textures, des matières présentes : tapisseries, rideaux, nappes, coussins ou tapis.

Les amis et la famille, confortablement assis dans un coin, peuvent devenir vos malheureux et patients modèles.

Le modèle à la maison

Les occasions de dessiner une figure humaine chez elle sont nombreuses, depuis les membres de la famille tranquillement assis, aux amis en visite ou les enfants jouant. Si l'on observe souvent des poses statiques (sur le canapé, debout dans la cuisine, endormi dans la chambre), cela correspond à une mémoire visuelle de formes physiques, d'expressions faciales et de postures diverses en situation et dans des lieux différents de la maison. Pour commencer, il vaut mieux peindre la figure devant un mur plat ou près d'une fenêtre, pour éviter les éventuelles déformations de perspective ; puis, l'assurance venant, on peut donner plus de profondeur à la scène en la situant dans l'un des angles de la pièce, ce qui suppose le tracé de diagonales et la construction d'une perspective avant d'y placer le modèle.

Pour dessiner une figure en intérieur, déterminez la situation du modèle en fonction de l'espace ainsi que le fond ou l'architecture intérieure.

L'une des solutions les plus courantes pour rendre la lumière et intégrer la figure dans son environnement consiste à choisir pour la peinture une approche monochrome afin d'éviter les contrastes de tonalités ou de couleurs trop marqués.

Décor et ambiance

La figure peut être intégrée au décor dans un logement, une atmosphère ou des conditions d'éclairage données par le fondu, l'harmonie des couleurs et le clair-obscur. L'effet atmosphérique est un effet d'optique créé par la vapeur et les particules présentes dans l'air, avec, lorsqu'il s'agit d'une scène d'intérieur, l'addition de l'effet produit par le mode d'éclairage. Ici, l'atmosphère de l'habitation adoucit les contours et le passage de la figure au fond est plus fluide, sans rupture et presque sans interruption. Pour finir, il faut estomper légèrement pour unifier la silhouette et les éventuels changements brusques de nuances entre la figure et le fond.

La figure endormie

La situation idéale pour dessiner ou peindre une personne est lorsqu'elle est endormie, puisqu'elle garde la même position un long moment. En outre, l'artiste peut intervenir comme s'il s'agissait d'une nature morte : il peut modifier légèrement l'éclairage ou changer la disposition des plis du drap à sa convenance.

Les conditions lumineuses en intérieur sont essentielles pour décrire la figure. Le mobilier est suggéré de façon très géométrique pour ne pas voler la vedette au modèle.

L'estompe permet de créer une ambiance atmosphérique, les contours de la figure se fondant pour s'intégrer au fond.

La figure dans **l'espace urbain**

L'un des lieux les plus intéressants où représenter la figure est un décor urbain, qu'elle passe dans la rue, se promène dans un parc ou se détende à la terrasse d'un café. Si, pour une scène d'intérieur, le dessin de la perspective ne pose pas vraiment problème, s'agissant de l'espace urbain, l'architecture joue un rôle majeur et il est indispensable de savoir rendre la perspective. Cela peut se faire par la projection de lignes de fuite déterminant l'angle des façades. Ces mêmes lignes peuvent être utiles pour souligner la profondeur d'une rue ou établir une échelle pour la réduction progressive de la taille des personnages selon la distance.

Commencer par ce qui ne bouge pas

Dans un endroit aussi fréquenté que la rue, avec une multitude de figures en mouvement, il faut commencer par représenter le cadre urbain en veillant à la perspective et à la profondeur de l'espace. Les façades et les éléments urbains sont seulement esquissés, très peu détaillés. Ensuite, passez aux personnes assises, qui conservent généralement plus longtemps la même position que celles qui sont debout. Enfin, abordez les figures en mouvement ; il faut les observer un bon moment en essayant de mémoriser tout ce qui est visible et surtout la typologie du corps (la personne est-elle petite, grande, grosse ou mince) et ses vêtements. En quelques traits, traduisez cette information sur le papier. Si les gens bougent trop vite pour permettre de dessiner un individu complet, procédez par fragments divers qui seront ensuite assemblés pour composer une figure entière.

Les lignes de fuite de cette rue sont visibles au sol. Elles donnent de la profondeur à la scène et aident à mieux contrôler la diminution de la taille des figures à mesure qu'elles s'éloignent.

Dessiner la figure humaine dans un paysage urbain n'est pas une tâche facile. Soyez sélectif, synthétique et commencez par les sujets immobiles.

Les détails s'estompent avec la distance

En peignant ou en dessinant, tenez compte de la distance à laquelle se situent les figures. Les plus proches apparaissent détaillées, les visages et les plis des vêtements sont esquissés. À mesure qu'elles s'éloignent, les détails s'effacent, les visages deviennent flous et les contours du corps s'estompent.

En quelques touches

Sur les peintures de scènes urbaines à l'huile ou à l'acrylique, les figures semblent juste exécutées en quelques touches, rapides et précises, car il s'agit de suggérer sans s'arrêter sur un détail. Les premières touches de couleur brune donnent la forme de la tête et la position des membres, fondamentale pour comprendre la posture de la figure. Le torse est couvert d'un mélange direct de deux couleurs. Pour finir, traitez les jambes, les contrastes de lumière sur les vêtements et les cheveux. Les pieds peuvent rester inachevés.

Les figures sont peintes avec aisance, sans précision, voire restent floues. Tous ces facteurs contribuent à la sensation d'affairement et d'agitation de la scène.

a

b

c

PEINDRE LES GENS DANS LA RUE EXIGE UNE LONGUE OBSERVATION ET UN TRAITEMENT FLOU, LIBRE ET INACHEVÉ.

Les premières touches font office de mise en place, situant la position de la tête et des membres (**a**).
Le torse est défini par un mélange de jaune et de violet, les deux couleurs étant mêlées directement sur le support (**b**).
Pour finir l'ébauche, bras et jambes sont soulignés et le visage et le vêtement sont éclairés par l'apport de terre de Sienne et de jaune (**c**).

Scène de **brocante**

La meilleure façon de peindre des passants dans les rues est de les croquer, autrement dit de parvenir, par touches brèves et précises, souples et efficaces, à exprimer la forme et la posture de chaque figure. Cet exercice à l'huile est conçu pour apprendre à peindre la tête d'un coup de pinceau et le corps en deux ou trois touches, en mélangeant les couleurs directement sur le support, ou à suggérer les bras ou les jambes par un trait continu et crémeux. Il s'agit de saisir l'essentiel de chaque figure par des touches amples pour transmettre la sensation d'agitation d'une petite brocante de quartier.

Les figures sont ébauchées par quelques coups de pinceau et certaines couleurs sont mélangées sur le support.

Cette brocante compose une scène urbaine fourmillant de personnages passant d'un endroit à l'autre. Le temps est compté, il faut travailler vite.

1. Puisqu'il s'agit de croquer une scène, peignez sans dessin préliminaire. Avec un pinceau bien chargé, résumez les figures du centre de l'image avec deux couleurs au plus. Le pinceau devient ici un outil de dessin intéressant.

LES FIGURES SITUÉES DANS UN ENVIRONNEMENT URBAIN SONT RENDUES EN QUELQUES TOUCHES ÉVOQUANT LE GESTE OU L'ACTION, SANS ENTRER DANS LES DÉTAILS.

2. Les torses sont rendus en quelques touches laissant voir la trace du pinceau. Réfléchissez à chaque touche : où elle sera posée, dans quelle direction, pour suggérer au mieux l'objet qu'elle représente.

5. Lorsque les personnages et les maisons ont rempli tous les vides, ajoutez au pinceau fin quelques touches linéaires pour représenter les ouvertures des façades et des toits. Ces traits ne sont en aucun cas appliqués sur les figures.

3. Derrière les figures apparaissent les façades des maisons, traitées de façon plus synthétique que les figures. Avec un mélange de Sienne et d'ocre, commencez à peindre la peau de quelques passants. Dans tous les cas, la peinture à l'huile est appliquée épaisse, non diluée, ainsi les traces du pinceau sont clairement visibles et ajoutent de l'expressivité à la peinture.

4. Même si les figures sont rendues en quelques touches, les coups de pinceau doivent tenter de décrire l'attitude des corps, l'action en cours, en veillant à la position des bras et des jambes. On ne peint pas des mannequins immobiles, mais des gens en mouvement et agissant. Pour finir, ajoutez, avec un pinceau rond fin, quelques détails sur les façades et tracez la ligne des toits ainsi que les fenêtres.

Intérieur avec figure

Pour représenter une figure dans un intérieur, il faut lui appliquer les mêmes conditions d'éclairage que celles de l'environnement, l'intégrer dans l'ambiance pour éviter une cacophonie chromatique. Il s'agit ici de représenter une enfant dans un salon bien éclairé, où la valeur de l'éclairage et la construction avec des couleurs éclaircies au blanc jouent un rôle fondamental. Si, à première vue, le sujet peut paraître complexe, il devient simple si l'on omet les détails, et si l'on oublie les objets du fond pour concentrer l'attention sur la forme et le modelé des lumières et des volumes. L'exercice est exécuté au pastel et au fusain.

Un éclairage latéral intense inonde le décor et la figure, faisant de la scène un sujet très propice à un traitement au pastel.

1. Tracez le croquis préparatoire au pastel bleu. Traitez uniquement la composition : délimitez le cadre, choisissez la position et l'étendue qu'occupera la figure par rapport au fond.

2. Les lignes organisent la scène : elles marquent le contour de la figure et donnent les horizontales et les verticales définissant le mobilier en arrière-plan. Avec un morceau de fusain, repassez le dessin initial et complétez-le avec les ombres et l'ajout des traits de l'ours en peluche.

3. Appliquez la coloration en attribuant une couleur à chaque surface avec les bâtons passés à plat sur le papier. Ce sont les couleurs de base du dessin, celles qui définissent le modèle chromatique sur lequel revenir ensuite pour équilibrer ou ajouter des détails.

4. Les couleurs du fond se retrouvent sur la figure et l'intègrent ainsi dans le décor. Donnez, à l'estompe, le premier modelé du visage, des bras et de l'ours, en gardant le blanc du papier pour les parties les plus éclairées.

5. Lorsque l'ensemble des valeurs et de l'harmonie sont correctement définies, dessinez les traits du visage et soulignez certains contours de la figure par de légers traits noirs au fusain. Appliquez les notes les plus sombres sur le fond.

6. Les traits du visage de la fillette et les détails sur l'ours ont nécessité un travail précis. Pour finir, soulignez quelques contours perdus qui, pour le fond, sont des traits multicolores qui ne sont pas estompés.

Deux figures en intérieur **à l'aquarelle**

Le sujet suivant, deux figures assises sur un escalier intérieur, respecte les règles stylistiques de l'aquarelle classique. Un traitement correct de l'éclairage en intérieur est primordial pour créer le climat pictural. La fenêtre, élément omniprésent des scènes d'intérieur, agit comme une surface de passage de la lumière, confirmant l'idée d'intimité et déterminant l'aspect ainsi que les nuances des figures. L'exécution et le résultat se caractérisent ici par une virtuosité remarquable dans le traitement de l'ombre et de la lumière, et par un grand réalisme dans l'apparence des deux personnages.

Le modèle montre un dialogue formel entre l'espace intérieur et l'extérieur par l'intermédiaire de la forte lumière pénétrant par la fenêtre et agissant sur les deux personnages assis sur les marches.

1. L'ébauche initiale de l'aquarelle se fait par un dessin au crayon ; choisissez une dureté moyenne pour que le trait soit assez visible. Dessinez la balustrade, les escaliers et le cadre de la fenêtre. Indiquez seulement les traits des figures et les éléments anatomiques pertinents.

La norme est un dessin au crayon ou porte-mine de graphite H pour éviter autant que possible que les traits soient visibles sur le résultat final.

2. Avant l'aquarelle, appliquez un cache à la cire blanche partout où vous voulez garder le blanc du papier. Il s'agit d'applications très localisées.

3. Commencez par peindre le fond. Humidifiez la surface de la fenêtre avec un pinceau propre, attendez quelques secondes et passez un voile de couleur gris de Payne. La couleur va alors diffuser sur la zone humidifiée.

4. Avec un gris bleuté, commencez à peindre les marches de l'escalier. Appliquez d'abord le voile coloré puis, ce voile encore humide, repassez sur les traits dessinés au crayon avec la pointe d'un pinceau très fin. Un sillon se crée et une partie de la couleur s'y dépose et forme un trait plus sombre.

5. Peignez le mur du fond au pinceau plat avec un mélange de terre d'ombre brûlée et de terre de Sienne. Travaillez avec précaution pour ne pas dépasser les contours des figures ni ceux de la balustrade qui restent blancs pour l'instant.

6. Lorsque les voiles précédents sont complètement secs, appliquez un gris moyen sur la balustrade, sans peindre les espaces entre les balustres. Attendez à nouveau que le papier sèche et ajoutez une ombre unique sur la partie supérieure de cet élément architectural.

7. Le diadème de la fillette associe plusieurs cires de couleur ; posez des points de jaune, de bleu ou de rouge, qui, en repoussant l'eau contenue par l'aquarelle, ne seront pas modifiés lors de nouvelles applications de couleur.

8. Le tapis rouge couvrant les marches forme la dernière grande surface de couleur de l'intérieur. Il est peint avec un mélange de violet et de terre de Sienne brûlée, en marquant la différence entre ombre et lumière à chaque marche. Une fois le tapis terminé, l'espace apparaît avec tout son potentiel chromatique et lumineux. Les figures restées en blanc attendent leur tour ; maintenant, passez aux vêtements et à la peau des personnages.

9. Appliquez de nouveaux voiles gris sur la balustrade pour lui donner du volume par l'ajout d'ombres. Peignez les chemisiers avec une couleur de base à laquelle s'ajoutent des touches bleues sur les plis. Avec du Sienne mélangé à de l'ocre, en deux nuances, suggérez la peau de la fillette et, avec un marron très foncé, peignez les cheveux.

Les couleurs peuvent donner lieu à des mélanges subtils sur support humide. C'est une solution très utilisée pour des contrastes atténués ou des nuances douces sur les vêtements des figures.

10. Les tons les plus intéressants de la peinture sont ceux de la peau et du visage des figures. Gardez de petites surfaces en réserves sur les zones du visage recevant une forte lumière venue de la fenêtre en arrière-plan. Les traits du visage sont flous et les membres présentent une légère ombre de couleur brune, sans contraste excessif.

11. Gardez pour la fin les quelques retouches sur la partie supérieure de la balustrade et placez une seconde fenêtre en traçant son contour à la terre d'ombre brûlée. Avec cette couleur et la pointe d'un pinceau très fin, suggérez les yeux ainsi que l'ombre qui se forme sous le nez et la bouche. Les détails de la composition s'évanouissent en raison des contrastes effacés par la lumière aveuglante qui les inonde.

Figure à contre-jour

L'un des aspects les plus intéressants du dessin de figure en intérieur est l'incidence de la lumière sur elle ainsi que sur l'espace ou les différents objets qui l'entourent. Un modèle devant une fenêtre est une scène récurrente. Son attitude tranquille ou reposante et la lumière accentuent le contraste avec l'extérieur fortement éclairé, qui provoque un assombrissement de l'environnement de la figure et souligne sa silhouette par des effets de lumière marqués. La peinture à l'huile permet de modifier les couleurs et de les corriger durant le processus pictural; l'artiste peut placer des reflets au dernier moment et chercher le contraste final sans salir les couleurs très claires et lumineuses.

La figure devant la fenêtre est un sujet très attrayant. Il existe de forts contrastes entre ombre et lumière sur le corps du modèle, tandis que la lumière inonde la pièce.

La figure émerge de l'ombre

Lorsque l'on représente une figure à contre-jour près d'une fenêtre, la lumière qui entre par cette ouverture est si intense que l'intérieur est assombri et la figure émerge de l'ombre en raison de puissants rayons de lumière touchant sa peau et ses vêtements. Ce sujet très évocateur permet de réunir trois genres sur une même toile : figure, paysage et intérieur.

1. Ébauchez la scène directement au pinceau en noir dilué, en rehaussant les zones les plus foncées de l'ombre. Le dessin préliminaire peut aussi se faire au fusain.

2. Appliquez un fond marron sur la fenêtre, pour suggérer le paysage. Sur la figure, installez le vêtement par des touches de couleur rouge et bleu de titane, mélangé à du noir et de la terre d'ombre brûlée sur les jambes. Couvrez aussi une partie des cheveux avec ce mélange. Ne recherchez pas le volume, procédez à une application plane.

5. Repassez au gris clair les reflets sur le contour de la figure pour rendre l'effet dû au contre-jour. Assombrissez les vides laissés par le cannage du fauteuil. Les tons moyens, tels les reflets satinés des jambes, sont fondus et modelés. Terminez les mains avec beaucoup de soin et peaufinez la texture des cheveux.

3. Sur la base de couleur précédente, affirmez la forme du fauteuil et placez les premiers contrastes d'ombre et de lumière sur la figure. La main et les cheveux se voient ajouter une touche de blanc de titane sur la zone éclairée et la montagne visible par la fenêtre est rendue par une masse dense de gris.

4. Foncez l'ombre du visage de la poupée et précisez ses traits avec un pinceau très fin. Appliquez quelques touches d'un gris épais pour marquer les plis de la robe. Peignez ensuite le cannage du fauteuil avec des lignes droites et énergiques, d'un seul coup de pinceau.

L'interprétation de la figure

L'interprétation est la manière personnelle qu'a chaque artiste d'exprimer sa vision propre, une vision modifiée, transformée et très différente de celle du modèle, mais capable de transmettre plus de tempérament et de sentiment. En fait, elle est liée au style particulier et à la capacité d'invention du créateur et s'avère fondamentale pour donner un intérêt authentique à la représentation de la figure humaine et pour éveiller l'attrait du spectateur. À partir du modèle réel, notre interprétation peut transformer la figure à travers la déformation contrôlée des proportions du corps, créant tensions et réactions par les coups de pinceau, exagérant inclinaisons ou courbes du profil pour apporter plus d'énergie à la pose. La couleur et la fusion de méthodes et techniques picturales diverses jouent également un rôle fondamental dans cette transformation. Voici quelques exemples de la façon de représenter la figure de façon plus créative et actuelle.

L'artiste autrichien Egon Schiele (1890-1918) développe un style plein de figures stylisées soutenues par la clarté et la beauté de la ligne, comme sur cette œuvre intitulée *La Hargneuse* (détail).

Une vision **plus créative**

Pour parvenir à une interprétation créative de la figure humaine, il faut partir d'un modèle réel puis le décomposer, le passer au crible, jusqu'à l'imprégner de ses propres expériences et états d'âme.

Il est primordial d'identifier la figure humaine au-delà de la perfection académique pour approfondir les questions de sens et se laisser guider par l'expérience plastique. Il s'agit de trouver sa propre perception mentale du modèle, grâce à des choix esthétiques qui président au travail de création de tout artiste qui ne prétend pas peindre simplement ce qu'il voit. Ainsi, l'artiste déforme, déplace, remet en place, altère les formes et les couleurs à sa convenance pour que certains éléments et aspects de la figure soient plus clairement identifiables. Ce genre d'interprétation individualise la figure et l'imprègne de la personnalité de l'artiste.

La déformation et la stylisation combinées à une palette personnelle de couleurs produisent des interprétations très originales et séduisantes.

Formes suscitant une tension

Si le dessin traditionnel et académique conduit à l'équilibre de la composition et à la correction du modèle, une représentation plus actuelle et créative a un objectif contraire : secouer le spectateur par la tension, avec de forts contrastes et des points de vue déconcertants. La tension devient positive pour produire un déséquilibre qui active les formes et rompt la monotonie. La disposition dynamique des couleurs ou l'ajout d'une touche plus frappante et contrastée crée en elle-même une tension chromatique focalisant l'attention, qui perturbe et bouleverse la sérénité apparente d'une gamme de couleurs harmonieuse. Il existe plusieurs types de tensions : dynamique, statique, équilibrée-déséquilibrée et instable.

Nombre d'artistes contemporains utilisent les ressources propres à l'abstraction (tachisme, textures…) pour représenter la figure humaine.

Pure abstraction

L'utilisation de ressources plastiques plus propres à l'abstraction pour aborder le nu est très intéressante. Ce traitement accentue les aspects formels par rapport à la description volumétrique du corps ou à la vision harmonieuse de ses proportions. Il ne prétend nullement à une description physique de la figure, de la pose, ni obligatoirement des conditions d'éclairage, mais crée plutôt une architecture de formes et de couleurs à partir des données formelles de la vision. Les critères gouvernant cette activité doivent donner la primauté à la force expressive de l'œuvre.

LA CRÉATIVITÉ SUPPOSE UNE MODIFICATION DE LA RÉALITÉ : SÉLECTIONNER, AGRANDIR ET SUPPRIMER LES ÉLÉMENTS PLUS OU MOINS SIGNIFICATIFS INTERVENANT DANS L'INTENTION DE L'ŒUVRE.

L'importance de la couleur

Se limiter à peindre avec des couleurs plutôt réalistes très adaptées aux nuances du modèle peut se révéler assez ennuyeux. Si la couleur elle-même est porteuse de significations et d'émotions, il faut s'en servir pour interpréter le modèle de façon séduisante et inventive. La couleur remplit deux fonctions essentielles : l'information pour la reconnaissance des formes et la transmission de l'expression. Les différents niveaux de saturation et les contrastes qu'elle produit sont très utiles pour distinguer et situer les éléments sur une image, donnant plus ou moins de sens à chaque composante.

La couleur est le principal élément permettant d'appréhender les formes et les contrastes. Il est possible de peindre une œuvre uniquement avec la couleur, sans l'intervention d'un seul trait.

Composer en couleur

La couleur, considérée exclusivement comme matériau chromatique, ne sert pas seulement à colorer les formes de la figure mais aussi à les souligner, à les distinguer et à en indiquer la bonne lecture. L'ordonnance formelle organisée par les couleurs s'appelle « composition chromatique ». Les couleurs sont un instrument de composition puissant et doivent donc être réparties en fonction d'une signification claire et d'une intention correspondant au message que l'on souhaite transmettre. Voici une expérience simple. Il s'agit d'un nu obtenu par différentes interprétations chromatiques. Il est intéressant de réaliser plusieurs versions du même modèle, cela aide à développer la créativité par des interprétations complètement différentes les unes des autres.

Pour travailler la créativité à partir de la couleur, il n'est pas nécessaire de chercher des modèles différents, on peut traiter le même sujet en plusieurs interprétations chromatiques pour étudier les possibilités d'harmonie et de contraste.

La palette du peintre

Avec le temps, le peintre apprend à personnaliser sa palette, en utilisant ses couleurs de prédilections, celles qui lui sont le plus familières et lui permettent de travailler avec le plus d'aisance, en fait, les couleurs pour lesquelles il a le plus d'affinités.

Nu aux couleurs complémentaires

Tout modèle peut s'interpréter à partir de contrastes entre couleurs complémentaires. Cependant, il vaut mieux ne pas utiliser les paires de complémentaires à leur saturation maximale et préférer un degré moindre pour un contraste plus subtil et un plus grand éventail de tons et de nuances. Ainsi, pour cet exercice à l'huile, voici un nu travaillé à partir du contraste marqué entre l'orange et le bleu. Le travail progresse à partir de cette paire opposée de couleurs, en modulant les tons par l'apport de ses complémentaires voisines (les couleurs adjacentes sur le cercle chromatique) et de blanc pour atténuer le contraste et obtenir une large gamme de nuances différentes.

Le nu dans la baignoire a été un sujet récurrent des peintres nabis, principalement préoccupés par la couleur, les plus connus étant Pierre Bonnard et Édouard Vuillard.

La représentation de la figure part du contraste entre le bleu et l'orange. L'ajout d'un peu de blanc en atténue la saturation.

La figure et l'espace sont divisés. Le décor est un entrelacs des complémentaires bleu et orange mélangées avec d'autres couleurs au point de donner à l'ensemble une gamme de tons très variée, pleine d'éclat, de luminosité et de reflets multicolores.

Déformation
et stylisation

Les artistes contemporains essaient différentes stratégies pour offrir une autre vision de la figure humaine. La solution la plus courante consiste à altérer la réalité en déformant ou en exagérant les formes. Lorsque la structure fondamentale de la figure a des proportions correctes, l'artiste peut s'autoriser quelques libertés, par exemple en modifiant les proportions de certaines parties du corps afin d'imprimer un style plus en accord avec ce qu'il veut exprimer.

La déformation préméditée

La déformation et la modification des lignes de construction du modèle sont propriété exclusive des artistes créateurs, des peintres qui inventent les formes et les couleurs du début à la fin. Travaillant à partir du modèle réel, ils peuvent modifier les formes aux fins d'une meilleure expressivité, et ainsi apporter de la vitalité pour éviter une représentation trop correcte et froide. Rien n'empêche le peintre d'allonger ou de raccourcir un bras ou une jambe pour briser l'impression harmonieuse de l'ensemble, tout comme il est tout à fait acceptable d'exagérer la flexion du dos ou la torsion du cou lorsque le style l'exige. Mais attention, cette solution nécessite de l'expérience car elle repose sur la connaissance de l'anatomie humaine et ne doit pas servir de prétexte pour masquer la maladresse du dessin.

La déformation paraît plus cohérente lorsqu'elle concerne des œuvres à la plastique contemporaine.

La déformation est un recours expressif habile et une façon d'obtenir une interprétation très originale de la figure.

La stylisation de la figure

Elle consiste à éviter une représentation trop réaliste pour lui préférer une vision stylisée et idéalisée du modèle ; il s'agit d'une déformation mesurée. Pour obtenir une figure stylisée, il suffit d'agrandir quelques membres, de réduire les dimensions de la tête et d'allonger le cou ; les proportions du torse sont à peine altérées mais les jambes semblent plus longues. Il s'agit de modifier, à bon escient, la forme du corps en gardant des proportions correctes et cohérentes entre ses différentes parties. Ainsi, les correspondances anatomiques sont les mêmes si l'on a correctement modifié la longueur des membres et des principales masses corporelles : si le style du peintre est anguleux, toutes les formes de la figure doivent être anguleuses.

Quelques traits pour l'imagination

L'un des charmes du dessin de nu effectué en quelques gestes déformant volontairement la représentation est qu'il suggère les formes d'un trait elliptique, laissant à l'imagination du spectateur le soin de les deviner et de les compléter.

LA STYLISATION DU CORPS NE RELÈVE PAS D'UNE DÉFORMATION ARBITRAIRE DE SES PARTIES, MAIS BIEN DE LA SOUMISSION DE TOUTES À UNE MÊME LOI FORMELLE.

La stylisation suppose d'offrir une vision complètement déformée et personnelle de la figure humaine. Elle consiste en une déformation contrôlée et proportionnée de toutes les parties du corps.

La stylisation de la figure

Avec le sujet suivant, il s'agit de réaliser une interprétation à la fois déformée et stylisée d'une figure habillée. Il faut peindre dans le style fauve, avec un dessin très libre, dans lequel dominent les formes arrondies. Les proportions des membres et la taille de la tête sont modifiées pour une plus grande expressivité. Sur le plan chromatique, l'objectif est d'opérer une synthèse, avec des couleurs vives et propres et une touche fraîche et spontanée, sans travailler les modelés. Le médium est la peinture acrylique.

Il s'agit d'offrir une vision très personnalisée et stylisée d'une figure assise exprimant la fatigue.

1. Le dessin est la phase clé de cet exercice qui offre une nouvelle approche plus stylisée en construisant la figure avec des formes arrondies. Avec un rose obtenu par un mélange de carmin, de blanc et d'une pointe de jaune, peignez la peau d'un pinceau preste. Avec un rouge naphtol pur, couvrez le pantalon.

2. La peinture du modèle progresse par zones. Peignez le corsage à sequins avec un lilas très clair, auquel vous ajouterez des nuances sous forme de touches carmin, bleu outremer et gris. Utilisez un mélange de terre d'ombre brûlée, d'ocre et de blanc pour réaliser une synthèse des tons de la toile couvrant le fauteuil.

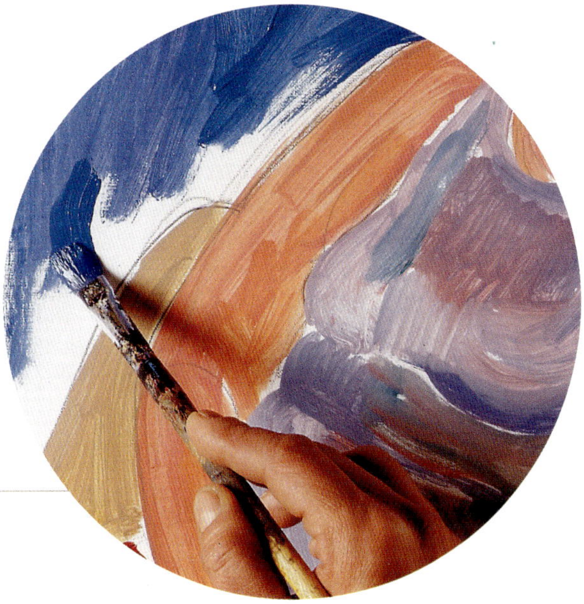

3. Enfin, couvrez le fond. Les dominantes sur la figure étant les roux, roses et violets, peignez le fond en bleu outremer nuancé de blanc. Étendez la couleur en appuyant fortement le pinceau, de façon brusque et précipitée, afin que les traits soient visibles.

Le cloisonné

C'est une technique pour styliser et souligner la ligne sur la peinture. Elle consiste à séparer les zones colorées par des lignes sombres très marquées évoquant les plombs des vitraux. Les premiers artistes à employer cette technique furent les nabis, mais elle fut encore plus appréciée des fauves.

4. Laissez sécher quelques instants. Ensuite, avec un pinceau rond moyen, soulignez le contour de la figure d'un trait noir d'épaisseur variable, comme pour un cloisonné. Avec la même couleur, cette fois au pinceau fin, esquissez très délicatement les traits du visage.

5. Ajoutez de nouvelles valeurs et nuances sur les couches précédentes du corsage. Il s'agit d'exprimer la texture par des coups de pinceau courts et juxtaposés. Peignez l'imprimé rayé de l'étoffe posée sur le fauteuil par de longues touches de terre de Sienne brûlée. Pour terminer, marquez les ombres sur le pantalon et le bras droit.

Traits expressifs et mouvement

La peinture gestuelle revendique la valeur du geste pictural, la touche libre, son orientation, sa couleur, sa matière... La figure est traitée par touches amples, peu précises, visant à déconcerter le spectateur. Cette manifestation des impulsions libère les couleurs du subconscient autant qu'elle remue la surface du tableau, comme s'il s'agissait de retenir l'énergie vitale de l'artiste, transmise par des traits expressifs, moins précis pour les détails mais qui donnent plus de liberté au travail. Tous les coups de pinceau doivent suivre une direction claire et visible. Il ne faut pas chercher une peinture très exacte mais plutôt donner l'impression que le mouvement transmis par le pinceau domine.

Les couleurs sont appliquées de façon très intuitive, peu réaliste ; elles sont mélangées rapidement. Cette immédiateté doit être vue comme un élément positif car elle apporte de la spontanéité au résultat final.

Construite par touches expressives, la figure paraît agitée et semble plus dynamique.

À l'huile ou à l'acrylique

L'huile et l'acrylique ont une consistance naturelle épaisse et crémeuse qui permet l'application des couleurs par touches bien marquées rendant l'effet dynamique et donnant une plus grande expressivité à la figure. Il faut orienter les coups de pinceaux dans des directions diverses pour agiter la surface du tableau avec une suite de traits rythmés et un rendu texturé. Avec ce style, les figures semblent croquées, inachevées. Ce traitement renvoie aux impressionnistes qui cherchaient à capturer la lumière par de petites touches de couleur superposées. Les pinceaux plats ou langue de chat sont les plus adaptés pour ce style, car ils supportent une grande charge de peinture.

Le travail de la peinture gestuelle est plus efficace si les combinaisons de couleurs et l'orientation des coups de pinceau sont très variées.

Figure et peinture gestuelle

Il s'agit maintenant de peindre une figure féminine habillée en appliquant les couleurs uniquement par d'amples coups de pinceau, une masse de couleurs et un travail instinctif. L'exercice est réalisé avec beaucoup de peinture et sans hésitation, pour que la première impression chromatique soit une vision subjective de l'artiste, même si le résultat peut sembler bâclé. Il faut abandonner toute réserve et oublier la peur de se tromper, accepter le risque de commettre des erreurs. Le modèle est une femme assise et la technique choisie, l'huile.

1. Préparez le fond avec un mélange de plusieurs tons de gris. La peinture est très diluée pour éviter que la surface soit trop grasse.

2. Inclinez le support pour que se forment des coulures et des mélanges accidentels de gris. Attendez quelques minutes pour que le diluant s'évapore un peu avant de commencer à peindre.

3. Sans dessin préalable, placez les touches très vite et de façon instinctive pour suggérer la forme du corps. La peinture est très crémeuse, légèrement diluée pour que le pinceau glisse facilement.

4. Achevez la figure par touches courtes et rapides sans couvrir le gris du fond pour donner une interprétation en esquisse.

Figure allongée avec **plusieurs interprétations**

Voici maintenant diverses interprétations d'un même sujet. Un même modèle est traité dans plusieurs styles différents, en modifiant la façon de peindre et les gammes chromatiques pour donner une interprétation fuyant l'académisme, plus subjective. L'objectif est de vous essayer à la déformation et de vous habituer à traduire les idées que vous avez en tête, même si cela suppose de changer le contenu formel de la peinture. Le modèle réel n'est qu'une référence qui doit se soumettre à vos désirs et jamais l'inverse : l'artiste ne peut devenir esclave de ce qu'indique le modèle. Il faut choisir les couleurs et le traitement plastique qui conviennent le mieux dans chaque cas. L'interprétation finale doit souligner les aspects formels qui vous intéressent et insuffler sa personnalité à la peinture. Les deux premières œuvres sont traitées à la peinture à l'huile.

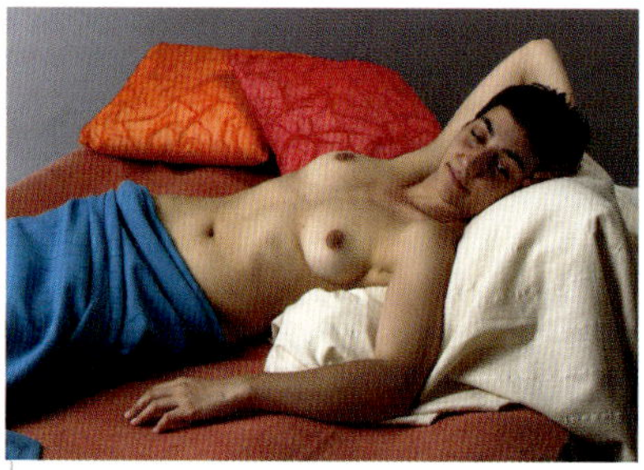

Le modèle est allongé, torse nu. La scène combine la couleur douce de la peau avec des éléments d'une grande vivacité chromatique en arrière-plan.

1. Faites un dessin au crayon repassé à l'huile bleu outremer diluée, avec un simple trait sur le contour du corps. Peignez d'abord le fond par des touches de diverses nuances rousses obtenues en y mélangeant du violet ou de l'orange.

2. Couvrez le fond d'un mélange de bleu et de violet avec une touche de blanc, appliqué en diagonales indiquant la source de la lumière. Appliquez deux tons de bleu pour le pagne. Un mélange de carmin, de jaune et de blanc donne la couleur chair appliquée sur les zones les plus éclairées du corps et un vert très clair donne les nuances intermédiaires.

3. Cette première version s'achève par l'apport d'un orange-brun et de nuances jaunes sur les zones d'ombres de la peau. La couleur de la peau n'offre pas de modelé, mais est traitée en touches franches sans fondu entre elles. D'autre part, les roux du fond sont accentués pour rehausser le contraste avec la figure.

1. L'exercice commence par un dessin au crayon sur lequel sont appliquées de larges touches de couleurs variées. Oubliez complètement les couleurs réelles pour un affrontement de verts, bleus, roses et rouges. La peinture est dense, épaisse. Les coups de pinceau rapides définissent à peine la forme.

2. Pour compléter la première application, encore fraîche, apportez de nouvelles nuances rosées sur la figure pour rehausser les zones éclairées par rapport à l'ombre. N'indiquez pas les traits sur le visage. Le fond évoque un tableau abstrait. Seules quelques touches de couleur sombre soulignent le contour de la figure et certains plis du drap couvrant les cuisses du modèle.

Des touches de couleur

Pour ce genre d'interprétation, n'accordez que très peu de temps au dessin préliminaire. Quelques traits repères suffisent avant les premières touches. La forme définitive s'obtient plus par accumulation de peinture et par les contrastes de couleurs que par la référence à un dessin servant de guide.

La stylisation prononcée de la figure

Pour cette interprétation, la déformation formelle semble plus marquée : la taille de la tête est réduite et donne plus d'importance à l'extension et à la courbe du corps. Une plus grande inclinaison en diagonale de la pose, des formes plus arrondies et une répétition des plis du drap bleu offrent un certain intérêt pour la stylisation, c'est-à-dire la modification du contenu visant à accroître l'attrait visuel de l'œuvre. À l'inverse, les couleurs sont moins saturées, la peau est plus pâle et traitée avec modelé, tandis que les coussins du fond montrent des contrastes atténués. Le réalisme passe au second plan, sans pour autant négliger, dans cette liberté, les aspects liés à la composition et à la cohérence des proportions.

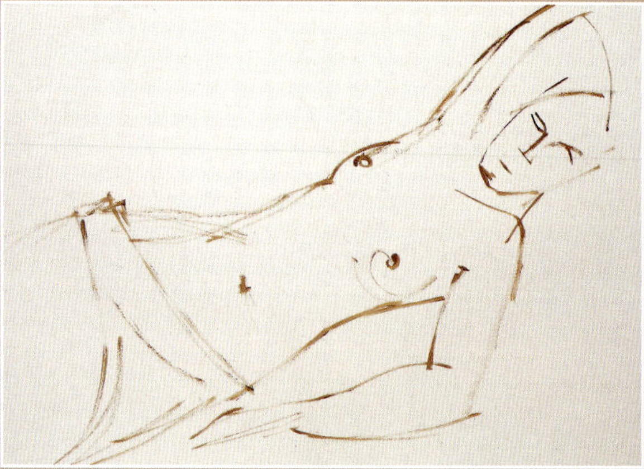

Une mosaïque de couleurs

Les couleurs du fond interagissent avec les figures comme un puissant élément de la composition. Elles peuvent s'appliquer comme s'il s'agissait d'un tableau abstrait. La succession de couleurs forme un tapis où les nuances intenses servent de contrepoint à la couleur pâle de la peau et éveillent l'intérêt du spectateur.

1. Une interprétation libre de la couleur suppose un croquis de soutien. Quelques traits suffisent, tracés au pinceau rond fin avec de la terre d'ombre brûlée. Le dessin n'a rien d'académique, il est plutôt idéalisé et stylisé pour donner une plus grande expressivité au résultat final.

2. Les coussins sont traités par des coups de pinceau très libres de couleur rose et orange. La peinture est utilisée dense, épaisse et en grande quantité. Elle est appliquée par d'amples touches pleines de mouvement créant une sensation immédiate de vitalité.

3. Attention à l'interaction entre les différentes surfaces de couleur recouvrant le blanc du support, qui doivent être soigneusement orchestrées, tant en termes d'espace que de modelé. La figure est plane, les volumes seulement suggérés.

4. Travaillez la peau par superpositions de nuances ocre sur une base rosée. Les touches sont chargées de peinture pour que le pinceau glisse rapidement sur la surface afin de traiter plusieurs zones à la fois.

LES QUALITÉS ABSTRAITES DE LA FORME, LE RYTHME DES COULEURS ET LEURS RELATIONS TROUVENT TOUJOURS UNE RÉPONSE ÉMOTIVE CHEZ L'ARTISTE SENSIBLE.

5. Les couleurs et les tons, encore susceptibles de modifications notables, forment déjà une base satisfaisante suggérant les zones éclairées et les ombres sur le corps. Les couleurs plus chaudes du lit sont le parfait contrepoint des tons sourds de la peau et des bleus et violets présents dans la composition.

6. La peinture terminée montre les retouches apportées aux ombres et à la peau ainsi que l'ajout de touches sur les coussins évoquant l'imprimé. Toutes les libertés sont permises si l'approche du nu consiste en une déformation stylisée, simple et agréable pour le spectateur.

Une figure **à l'intuition**

Pour peindre cette figure masculine à l'acrylique, il faut d'abord s'abstenir de chercher à rendre la moindre ressemblance avec le modèle réel et se laisser attirer dans un monde dominé par la déformation, le déséquilibre et surtout la couleur. Le corps est exalté par un dessin au pinceau et des couleurs saturées. Il faut laisser l'intuition guider le trajet du trait et tracer des chemins insoupçonnés, sinueux, à l'intérieur de la figure. Comptez avec l'imprévu et ne vous étonnez pas si le résultat aboutit à une œuvre distincte du modèle.

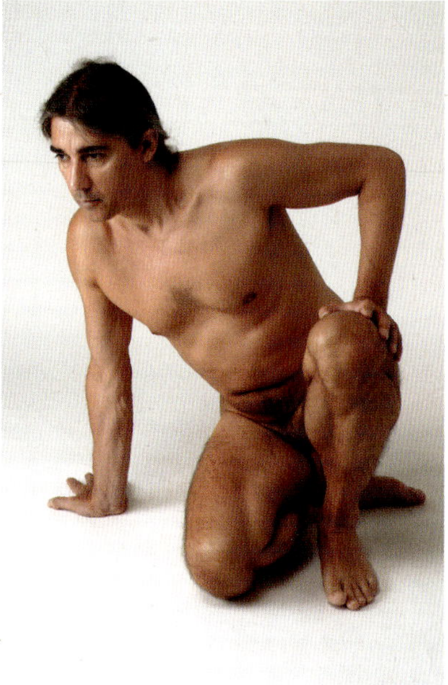

Le modèle prend une pose contrainte et dynamique, favorisant une interprétation rythmée de la figure.

1. Exécutez un dessin préliminaire au crayon graphite, pointe inclinée, en appuyant fortement. Ne collez pas à la réalité, mais exagérez les proportions de certaines parties du corps.

2. Peignez sur les lignes avec un rouge phtalo un peu dilué à l'eau. Le trait de pinceau souligne l'aspect linéaire du croquis aux lignes ondulées, épaisses et suivies, avec de rapides mouvements de la main.

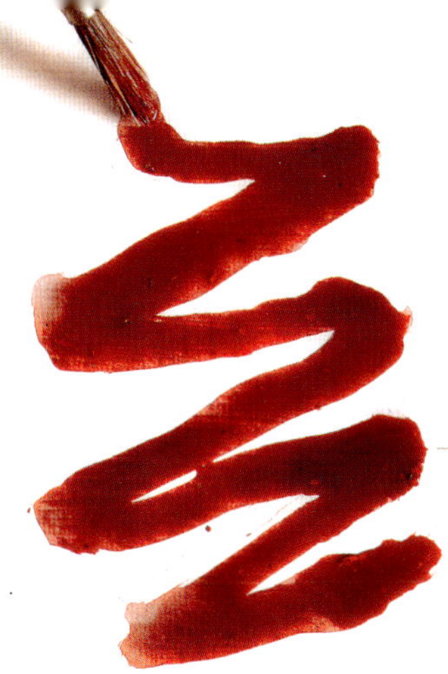

Pour tracer des lignes à l'acrylique, il faut une peinture fluide et un pinceau rond à poils doux.

3. Laissez sécher la peinture rouge et reprenez le travail avec un bleu outremer très dilué. Superposez de nouveaux traits de pinceau en complément des précédents et introduisez une première approche du rendu des ombres par un rapide zigzag.

4. Avec un vert bleuté, ajoutez une deuxième nuance aux ombres du corps et peignez l'ombre projetée présente derrière lui. C'est le moment d'apporter la lumière sur les parties éclairées de la figure avec de l'ocre jaune.

5. Avec cette même couleur, traitez les rayons lumineux et peignez la moitié du fond présumée la plus proche de la source lumineuse. Les touches sont toujours linéaires, autrement dit elles ne couvrent pas complètement le blanc du support.

6. L'acrylique séchant très vite, ajoutez un nouveau tracé en vert saturé entourant les ombres, sans risque de mélange avec les couleurs sous-jacentes. Enfin, terminez le fond en couvrant la moitié droite d'une succession rapide de traits orange.

Le traitement coloriste de la peau

S'il est parfois difficile de traiter la peau d'un nu dans un style naturaliste, la difficulté s'accroît lorsque l'on souhaite en donner une interprétation coloriste associant des couleurs opposées, ici vert et orange. Pour relever le défi, au lieu de mélanger les couleurs sur la palette, il faut travailler comme le pastelliste (l'artiste travaillant aux pastels), c'est-à-dire appliquer des touches de couleur assez pure sur le support et opérer de petites fusions pour l'intégrer aux couleurs adjacentes, un peu à la manière des peintres fauves. Ainsi, la couleur de la peau peut être rendue par des couleurs hardies, brillantes et jamais associées à elle. La représentation de la figure s'éloigne alors de l'interprétation classique pour basculer vers une vision très sensible.

L'objectif de l'exercice est de peindre ce nu assis, légèrement penché vers la droite, en déployant une gamme de verts et d'orange pour rendre la peau.

1. Lorsque l'on travaille avec des contrastes de couleurs vives et saturées, le fond blanc peut devenir gênant et prêter à confusion ; alors, avant de commencer, couvrez toute la surface du support d'une couche d'acrylique bleu outremer.

2. Une fois cette couche complètement sèche, dessinez la structure de la figure avec un bâton de fusain. Il est essentiel de saisir la pose, l'inclinaison du corps et la position des membres. Le cadrage est resserré, coupant les jambes, pour centrer l'attention sur le corps.

3. Poursuivez la mise en place par la définition de chaque partie du corps. Soulignez le contour d'un trait foncé, en essayant de représenter les courbes créées par l'anatomie, comme les proéminences osseuses et musculaires.

Deux ou trois couleurs acryliques

L'artiste utilisant habituellement l'huile dispose généralement de deux ou trois tubes de peinture acrylique dont il se sert pour préparer les fonds. Cette peinture se dilue à l'eau et sèche vite, ce qui évite de devoir attendre des heures ou des jours que la première couche sèche. En quelques minutes, il peut commencer à peindre à l'huile.

6. C'est le moment d'appliquer les nuances intermédiaires travaillées avec deux ou trois nuances de vert composées, un peu de blanc et sans trop de saturation. Elles se fondent par l'ajout d'un peu d'indigo ou de jaune.

5. Repassez tous les contours du corps avec diverses variations d'orange. Commencez à couvrir les surfaces les plus éclairées de la figure avec un orange éclairci au blanc, façon rehaut. Cette couleur doit être réservée à des zones bien définies.

4. Pulvérisez un fixateur aérosol sur le fusain, sans hésiter à en mettre beaucoup pour éviter que la poudre noire ne tache les touches de couleur soulignant le dessin. Exécutées avec des couleurs très saturées, elles forment l'assise de l'œuvre.

AUSSI IMPROBABLE QUE CELA PUISSE PARAÎTRE, LA PEAU PEUT SE PEINDRE EN VERT, DÈS LORS QUE LES AUTRES COULEURS PRÉSENTES CONSTITUENT UN ÉLÉGANT CONTREPOINT.

7. Petit à petit le mélange de vert éclairci au blanc recouvre la peau du modèle, produisant un fort contraste avec les parties plus éclairées de couleur jaune et orange. Effectuez les premières applications sur le fond avec de petites variations de couleur lilas.

8. Traitez les jambes avec trois tons de vert, en repassant le pinceau sur chacune d'elles pour obtenir un dégradé produisant plus d'arrondi. Achevez le buste et les bras avec un mélange de vert, de jaune et de blanc, en formant une transition moins heurtée avec l'orange. Le fauteuil est un simple décor sans intérêt ; il est traité par quelques touches planes de couleur beige.

9. Couvrez les bras du fauteuil de terre de Sienne brûlée très éclaircie ; chaque touche forme un dégradé. L'étoffe est tout juste évoquée d'un bleu turquoise pur et d'un autre bleu éclairci avec du blanc. Le motif de l'œuvre est la figure, aussi les accessoires sont-ils traités de façon très simple et synthétique.

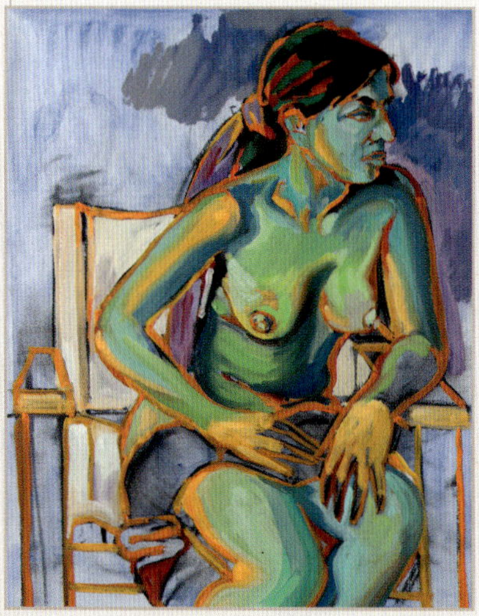

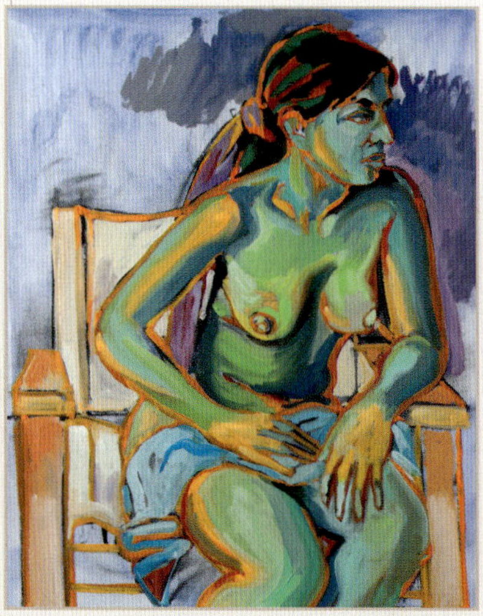

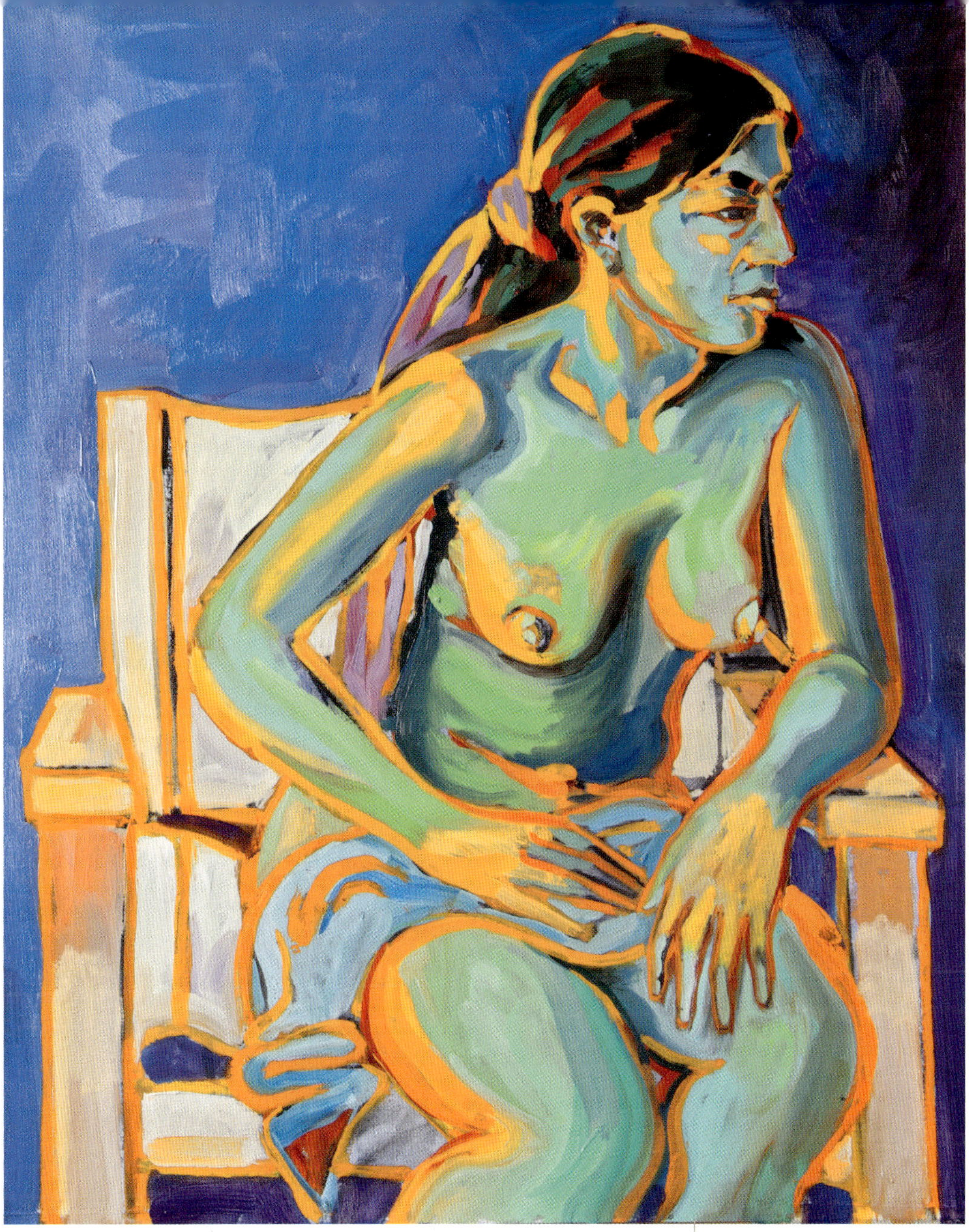

10. Au cours de l'exercice, les différentes applications de peinture ont masqué le dessin initial en orange. Après avoir travaillé les contrastes de lumière et modelé le volume de la figure, retracez le contour avec un pinceau rond fin, en essayant de retrouver la force de ce trait nettement contrasté.

11. Lorsque la figure est terminée, couvrez le fond d'un mélange de violet de cadmium et de bleu de cyan. Avec cette combinaison de deux couleurs, effectuez un dégradé pour remplir les espaces vides enveloppant le modèle. La peinture doit être abondante et crémeuse pour conserver la trace du pinceau.

12. La lumière provient de la gauche et produit un dégradé sur le fond qui va de la couleur la plus claire, le bleu de cyan avec un peu de blanc, à la plus foncée, composée de violet et de bleu de cobalt. La couleur du fond sert à réparer des erreurs, en découpant mieux le profil de la figure là où c'est nécessaire. Le résultat final, plus attirant, est un nu traité de façon vitaliste, avec une interprétation actuelle et un choix de couleurs surprenant.

Interprétation d'un nu en extérieur

Voici maintenant une peinture aux pastels d'un nu féminin assis au jardin. Le modèle est détendu et le contexte propice à une interprétation très coloriste du sujet. Le décor extérieur produit un environnement plus complexe que l'intérieur, où les murs de la pièce limitent l'espace. En extérieur, le modèle peut poser dans une cour prenant le soleil, lisant ou simplement se relaxant. En outre, le modèle peut être entouré de plantes, de fleurs, de mobilier et d'accessoires de jardin imprimés de couleurs vives. Ce changement de décor permet de choisir une interprétation extrêmement coloriste avec des gammes de couleurs très saturées.

Vous allez peindre un nu à l'air libre, dans un jardin ensoleillé ; le fond de couleur est fourni par une étoffe imprimée utilisée comme écran.

1. Tracez le premier dessin à la sanguine, par un trait marquant la silhouette du corps. En extérieur, le modèle prend souvent une position très détendue, sans avoir l'air de poser.

2. Couvrez la surface avec du rouge de cadmium, du bleu et de l'orange pour la peau, du bleu et du vert pour le fond. Progressez en simultané pour les apports chromatiques sur la figure et sur le fond, pour que les deux éléments participent des mêmes couleurs. Recherchez une tonalité d'ensemble, produite par l'harmonie des couleurs.

Le fond traité au pastel

Le traitement chromatique de la figure et du fond doit être cohérent, tant par le trait, appliqué en glissant le bâton, que par la saturation des couleurs. C'est la condition pour obtenir l'ambiance ou l'atmosphère coloriste de l'œuvre.

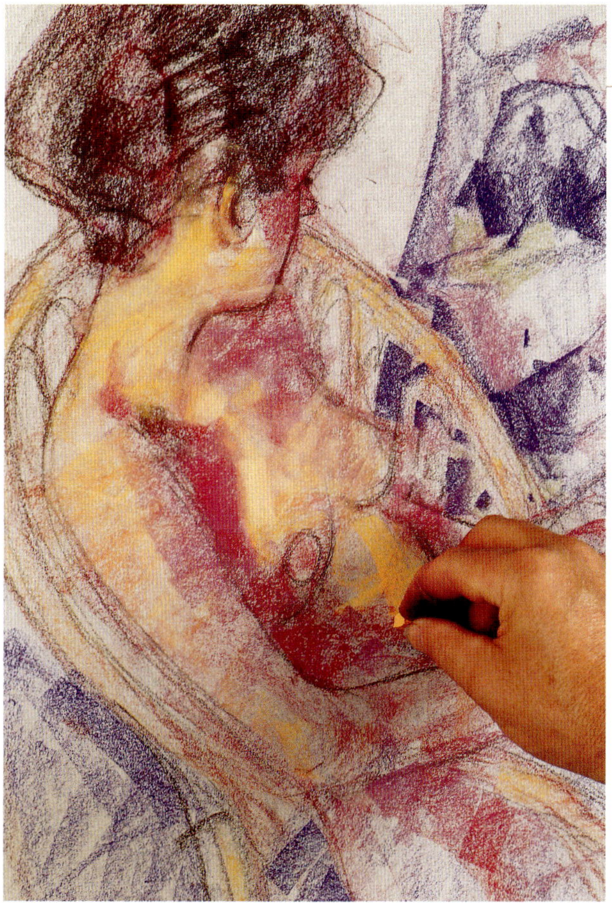

3. Plus le travail progresse, plus la pression exercée avec le bâton de pastel à plat augmente, tandis que les formes et les volumes prennent corps. La prédominance de couleurs chaudes devient évidente pour la peau, tout comme celle des violets et des bleus pour le fond. Le contraste entre le jaune clair et le rouge met en valeur le volume du corps.

4. Pour traiter les contrastes entre ombres et lumière, il suffit de délimiter clairement les zones de lumière avec un jaune vif et les ombres avec du magenta, du carmin et du rouge ; ensuite, harmonisez les couleurs de valeur et d'intensité différentes applicables à toutes les parties de la figure.

5. Estompez les touches de pastel pour donner plus de solidité et de densité à la couleur couvrant le corps de la figure par rapport au fond, dominé par les verts, les bleus et les violets sans estompe. Cependant, les traits définissant le profil du corps restent visibles, comme ceux marquant le contour du cou et du visage ; néanmoins, le sujet principal est l'interprétation coloriste, porteuse d'une atmosphère emplie de joie et de vitalité.

Figure aux couleurs éteintes et griffure

Cette interprétation est plus radicale que les précédentes. Il s'agit de peinture à l'huile, une technique traditionnelle, mais l'approche du tableau, la gamme de couleurs, la méthode d'application et la façon de produire le dessin sont plutôt inhabituels. Il s'agit de faire un modèle habillé à partir de touches peu précises, dans une harmonie de couleurs brunes (brun clair, gris et marrons) complétées par un dessin aux traits fins et précis, exécuté par la technique de la griffure, c'est-à-dire en griffant la surface onctueuse de l'huile avec un bâton de graphite. Cela donne une représentation figurative mais dans une vision beaucoup plus contemporaine, loin de toute étude naturaliste ou académique. Le médium est la peinture à l'huile sur une base d'acrylique.

Figure habillée dans des conditions d'éclairage très précises, avec quelques accessoires : une jarre contenant des branches sèches et un rideau en arrière-plan.

1. Avant de dessiner, peignez le fond avec un mélange d'ocre, de terre de Sienne et de terre d'ombre brûlée, tout cela en peinture acrylique. Disposez les couleurs du clair au foncé, les tons ocre plus clairs sur la gauche et les bruns plus sombres à droite, ce qui correspond à l'incidence de la lumière sur le modèle.

2. En vingt minutes à peine, la peinture acrylique est sèche et permet d'ébaucher le modèle. Dessinez au bâton de fusain. Les formes seront d'abord très synthétiques et générales ; il s'agit seulement de situer la figure et de définir les proportions.

3. Le trait de fusain est de plus en plus affirmé et montre plus d'assurance. Ne marquez que le nécessaire, par exemple la forme de la main et la position des traits du visage. Dessinez aussi les plis du rideau et la jarre sur une colonne.

4. Laissez la figure de côté pour commencer la peinture du fond. Avec l'ocre et le gris très clair, peignez la partie la plus éclairée et marquez les lignes du rideau. La jarre est traitée par deux touches peu détaillées de couleur beige et lilas clair. La peinture doit toujours être épaisse, sinon le travail de griffure ne sera pas possible.

5. Peignez les franges rougeâtres du rideau avec du carmin et de l'orange éteint avec un peu de gris. Sans attendre, dès qu'une surface a été peinte, prenez une mine de graphite taillée et tracez les griffures sur la couche de peinture à l'huile fraîche. Dessinez la jarre, les branches et les plis du rideau d'un trait fin et délicat.

Les couleurs éteintes

Elles sont plutôt ternes, grisées ou brunes. On les obtient par ajout de gris, de blanc ou de marron à une couleur du cercle chromatique. Avec leur degré de saturation atténué par le mélange, elles forment la gamme chromatique la plus harmonieuse.

6. Peignez la colonne en orange éteint avec du gris et, presque immédiatement, exécutez le dessin griffé pour souligner la forme. Tracez d'autres traits sur les lignes des rideaux, à la droite de la figure, sans oublier d'essuyer souvent la peinture accumulée sur la pointe de la mine avec un chiffon.

Dessiner sur la peinture

L'objectif de cette première phase du tableau est de traiter le fond. Pour cela, terminez le rideau avec le mélange de carmin, de rouge de cadmium et de rose. Marquez au fur et à mesure les plis du tissu par des griffures, très expressives. Puis, traitez la figure en travaillant de la même façon, avec des touches esquissées prenant sens par le tracé de la griffure. Cet exercice consiste à « dessiner sur une couche de peinture fraîche ».

8. Peignez les cheveux avec de la terre de Sienne brûlée et de l'orange de cadmium. Inutile d'être précis avec les touches, les contours pourront être corrigés ensuite par le dessin. Effectuez un traitement ébauché du vêtement et du châle à partir d'un mélange de rouge de cadmium, d'orange de cadmium et de Sienne. Les coups de pinceau se font dans la direction du tombé du tissu.

7. Peignez la figure avec un vert éclairci au blanc sur la zone la plus éclairée et une forte présence de terre d'ombre brûlée pour l'ombre du dos. Pour ne pas perdre le dessin initial, griffez la couche de couleur de chaque zone à mesure que la peinture avance.

9. Tracez les griffures sur la partie supérieure du vêtement, puis peignez le bras droit avec des touches imprécises. Terminez le châle par d'amples touches courbes. Les touches d'orange très dilué ont pour but de former les franges.

L'ébauche finale

La peinture actuelle tend vers l'ébauche expressive, s'éloignant souvent de la précision et de la représentation visuelle des modèles. Voici deux propositions, deux versions du sujet sans griffures. La première montre une approche colorée similaire, ébauche et couleurs éteintes, la seconde présente un fond de couleur sombre pour donner plus de relief au profil de la figure et au rideau en arrière-plan.

LA RICHESSE DE LA PEINTURE ACTUELLE RÉSULTE DE LA COMBINAISON SUR UNE MÊME ŒUVRE DE PLUSIEURS SOLUTIONS GRAPHIQUES : GRIFFURES, COULURES, EMPÂTEMENTS, FONDUS…

10. En comparant cette image avec la précédente, on constate que le dessin du visage a été refait par griffure et que l'on a introduit quelques rayons lumineux sur le visage avec un rose blanchi. Sur le fond, les ombres sont peintes d'un gris plus soutenu, soulignant l'effet de clair-obscur sur les plis du rideau. Le dessin final offre des nuances de couleurs éteintes, sourdes, et des solutions propres à la plastique contemporaine : les coulures et la griffure.

Figure avec **grille de couleurs**

Cet exercice permet de revisiter le processus de peinture fractionnée en divisant toute la surface du tableau en petites surfaces de couleur. Placez une grille sur le modèle dessiné et appliquez la couleur cellule par cellule pour former des zones de couleurs comme sur une carte topographique ou des pixels sur l'ordinateur. L'exercice, qui peut évoquer l'adaptation d'une image électronique au contexte pictural actuel, doit se comprendre comme une pratique où la figure se décompose en petites unités chromatiques, qui mettent en lumière l'artifice de l'œuvre. Utilisez l'aquarelle et la gouache.

La jeune femme est assise, vêtue d'un haut vert vif ; elle est détendue, un bras appuyé sur le dossier du siège.

1. Avec un crayon graphite, exécutez un dessin classique du modèle. Dessinez soigneusement le contour de la silhouette pour obtenir un tracé fin, sans aucune ombre.

2. Avec une règle et une équerre, tracez des lignes sur toute la surface du dessin pour former un quadrillage régulier. Chaque carré mesure un centimètre de côté ; appuyez l'équerre sur la règle et glissez de haut en bas pour obtenir des lignes bien parallèles.

3. La grille est superposée à la figure et sert de base pour appliquer les couleurs. Chaque carré délimite les zones de couleur et devient une cote qu'il faut respecter.

5. La figure se découpe en petites unités de couleur. Chaque carré occupe une surface d'un centimètre, à ne pas couvrir complètement d'une seule couleur, mais à diviser en quatre parties. Inutile de les tracer au crayon, une croix imaginaire suffit pour garder à l'esprit cette division.

4. Pour ne pas avoir à travailler sur un fond blanc, étalez les premiers voiles destinés à couvrir chaque zone avec sa couleur, sauf l'étoffe couvrant le siège, sur laquelle demeurent de grandes surfaces en blanc.

6. Appliquez des variantes des couleurs concernées sur chaque zone. Ainsi, le fond se compose de différentes tonalités rosées et orangées, tandis que la blouse appelle le vert. Sur la toile blanche, les voiles sont beaucoup plus dilués et clairs.

7. Le travail est lent et minutieux. Évitez d'appliquer une couleur juste à côté d'un carré encore humide car le simple contact entre les deux voiles peut entraîner la diffusion d'une couleur vers sa voisine. Chaque unité de couleur doit être différente et rester isolée de celles qui l'entourent.

9. À ce stade, introduisez une variante. L'intensité des carrés peut être modifiée et nuancée en peignant des formes régulières à l'intérieur du cadre de chacun. Ainsi, on avance de la forme générale créée par la grille aux détails.

10. De nouveaux carrés s'inscrivent à l'intérieur de la grille et permettent de mieux indiquer la position des yeux, les contours ou limites entre la figure, le fond ou les profils qui devraient être très marqués. Cette superposition partielle de couleurs rend possible un rendu plus riche des ombres bleutées de la partie inférieure du fond.

8. Placez les ombres sur la toile blanche avec différentes nuances de gris. Ici, les changements de tons doivent être très subtils, avec des voiles à peine perceptibles sur les zones les plus claires. Les ombres du bras se construisent avec des voiles bleutés qui répondent de façon intéressante à la couleur de la peau.

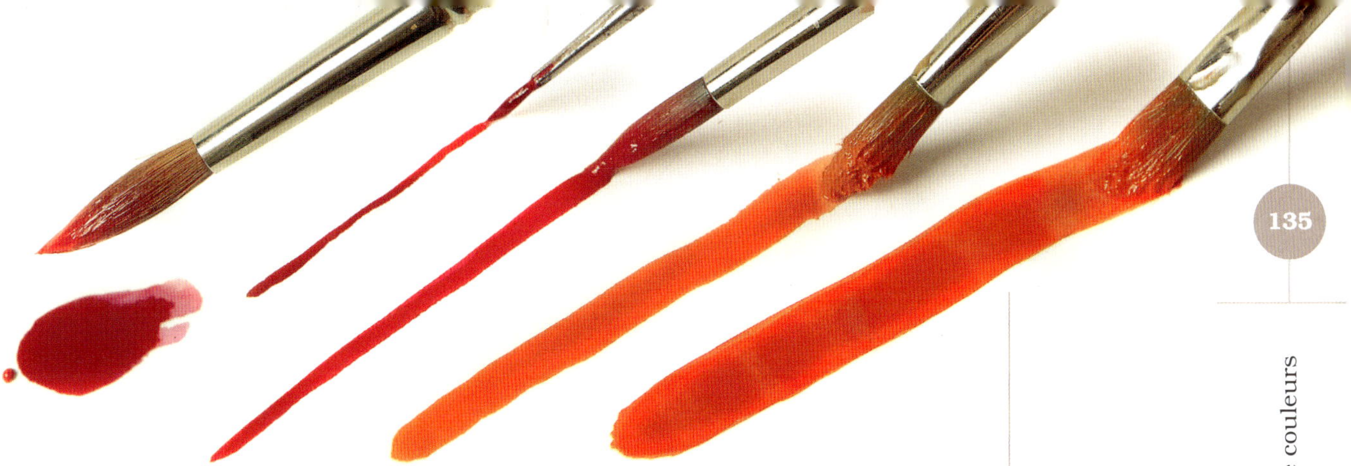

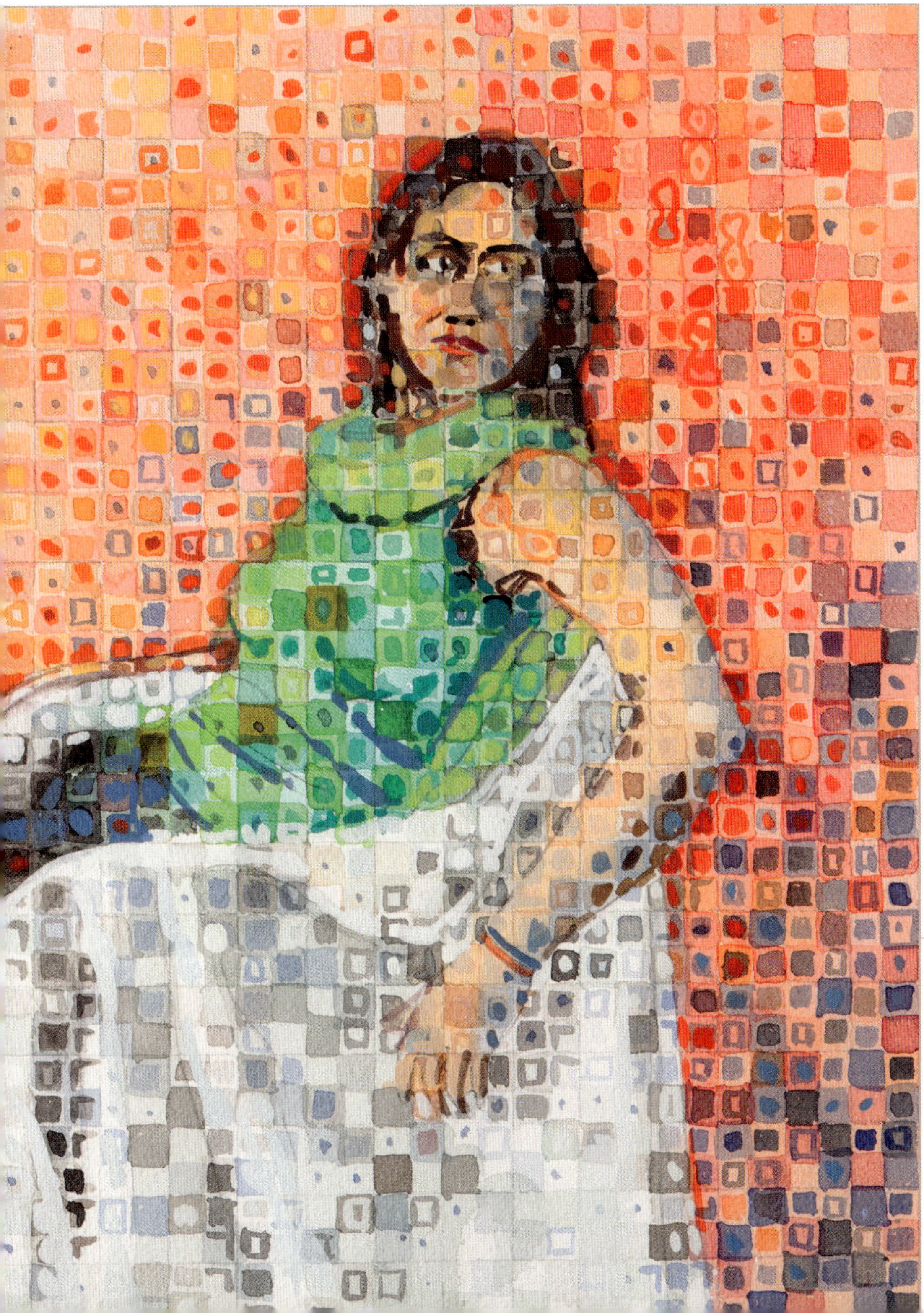

La gouache permet d'aboutir facilement à des couleurs très saturées et propres, réservées aux touches finales.

11. Pour terminer l'exercice, utilisez la gouache. Sa plus grande opacité et son intensité permettent de récupérer les couleurs altérées par la superposition de voiles colorés. C'est la peinture idéale pour rehausser la saturation finale et achever la construction du visage du modèle.

Le portrait

La représentation du visage est un sujet intimidant, l'un des genres les plus complexes pour l'artiste. Saisir l'apparence et l'expression faciale suppose une bonne maîtrise du dessin et n'est donc accessible qu'aux plus expérimentés. Un bon portrait doit offrir une ressemblance avec le modèle et cette ressemblance est déterminée par la capacité à saisir les traits les plus personnels de la physionomie, dans l'attitude et les aspects psychologiques qu'elle révèle. Ce chapitre propose une brève étude des principaux aspects techniques, stylistiques et iconographiques concernant le portrait, en commençant par la mise en place de la tête avant de traiter les détails pertinents pour atteindre une ressemblance satisfaisante.

Valentin Serov (1865-1911), avec ce *Portrait d'une enfant aux pêches*, parvient, au-delà des traits spécifiques, à capter dans le regard du personnage la gentillesse et la personnalité de la jeune fille.

L'étude du **portrait**

La première partie de ce livre expliquait comment construire la tête, mais les normes du dessin de la figure humaine ne servent à rien sans les éléments constituant les traits du visage, leur forme, leur rendu et les variations qu'ils peuvent présenter.

En effet, ces éléments, notamment les yeux et la bouche, sont ceux qui expriment l'apparence et trahissent la personnalité du modèle concerné. Il est donc essentiel de s'exercer à représenter chacun de ces éléments pour un résultat adéquat. Un bon rendu des traits dépend presque entièrement de la capacité d'observation, de l'aptitude à saisir la forme concrète d'un trait et de le distinguer, de bien placer les ombres et la lumière ainsi que le modelé pour donner du relief aux volumes.

Le visage, siège des émotions

La représentation du visage est bien plus qu'une simple copie anatomique, c'est en effet sur le visage que s'expriment les diverses passions humaines ; le caractère de la personne représentée ou les conflits de son âme se reflètent dans son regard, tandis que le jeu des muscles faciaux ou la forme et la position des traits soulignent les sentiments exprimés. L'individualité de la physionomie est signée par ces traits de l'expression. La fermeté du trait ou du coup de pinceau aide à donner la forme du visage, sa personnalité, et à saisir l'expression ainsi que les sentiments de la personne avec aisance et liberté.

Le portrait ne doit pas seulement saisir les traits du modèle mais aussi sa personnalité et sa psychologie.

Études préliminaires

Avant de commencer un portrait, mieux vaut exécuter quelques études préliminaires de la composition, de la pose, de la position du corps, sans oublier quelques détails : par exemple, le dessin des mains ou le contour des lèvres.

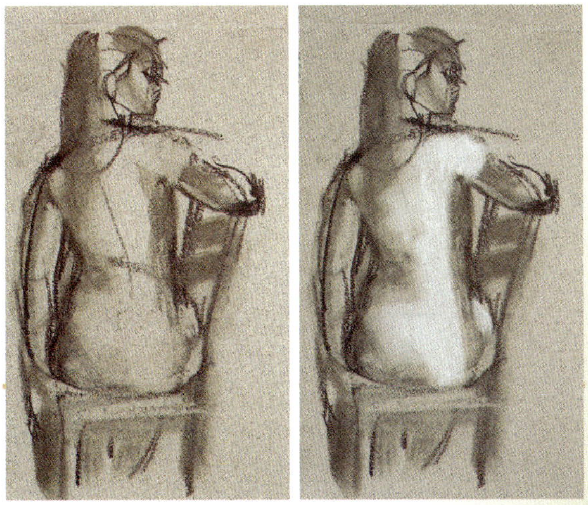

Un bon portrait repose sur le dessin, c'est pourquoi il faut pratiquer constamment, en utilisant divers procédés.

La façon de procéder

La clé d'un bon portrait repose sur la capacité d'observation. Il faut travailler de façon empirique, du général au particulier. Commencez par ébaucher la structure fondamentale du visage, en cherchant la forme d'ensemble, les angles les plus marqués ou proéminents. Ce n'est que lorsque cela est correctement mis en place que l'on aborde les détails. Nez, yeux, bouche et oreilles sont rarement symétriques et identifier ces minuscules différences est capital pour la ressemblance du portrait.

Les éléments **du visage**

Avant de développer en détail le dessin complet de la tête, il faut prendre le temps d'étudier les composantes du visage. Pour faciliter le portrait, examinez et analysez chacun des éléments séparément. Voici une étude par la pratique des quatre éléments les plus marquants du visage et des conseils sur la façon de procéder.

Les yeux

Ils sont au centre du visage, alignés de façon symétrique. Avant de les dessiner, il faut se rappeler qu'ils sont sphériques et bougent en parfaite coordination et dans la même direction. Lorsque le globe oculaire tourne, la pupille n'apparaît plus ronde mais ovale. Une fois ce principe compris, on peut dessiner les paupières et les sourcils, qui sont des éléments de protection du globe oculaire. La courbe de la paupière supérieure est plus prononcée que celle de la paupière inférieure. Les cils ne couvrent pas complètement le périmètre des paupières mais semblent excentrés vers l'extérieur de l'œil et sont plus longs et plus fournis sur la paupière supérieure. Les sourcils sont placés sur la crête supérieure de la cavité orbitale et leur forme tend à suivre la courbe de cette crête.

L'iris et la pupille

La pupille est complètement noire. Placez-y un rehaut blanc pour rendre la surface cristalline et humide de l'œil, ainsi que la vitalité du regard. L'iris prend différentes couleurs, mais jamais une teinte uniforme, et généralement plus sombre sur son périmètre extérieur.

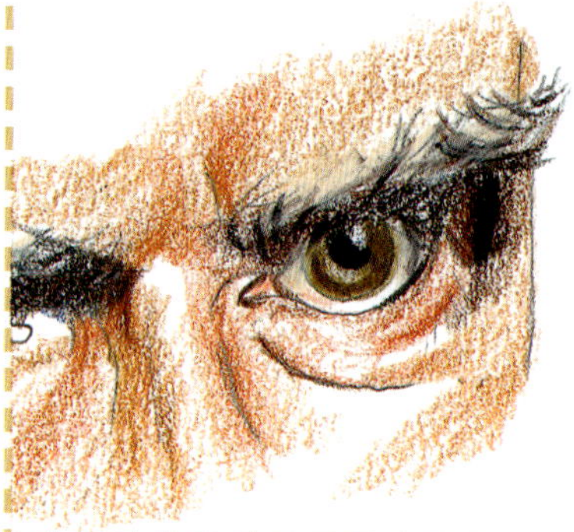

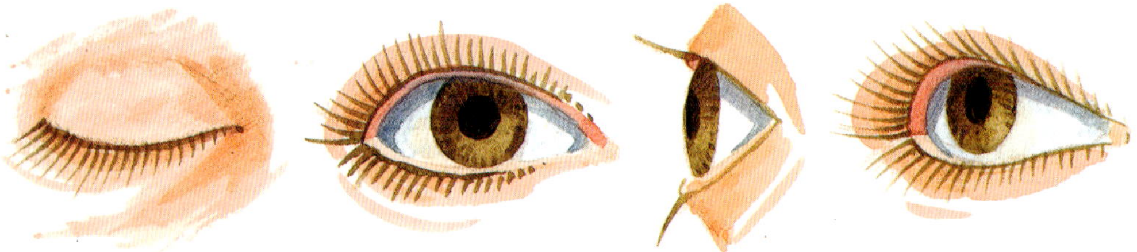

La pupille est complètement ronde vue de face mais, vue de côté, sa forme tend à l'ovale.

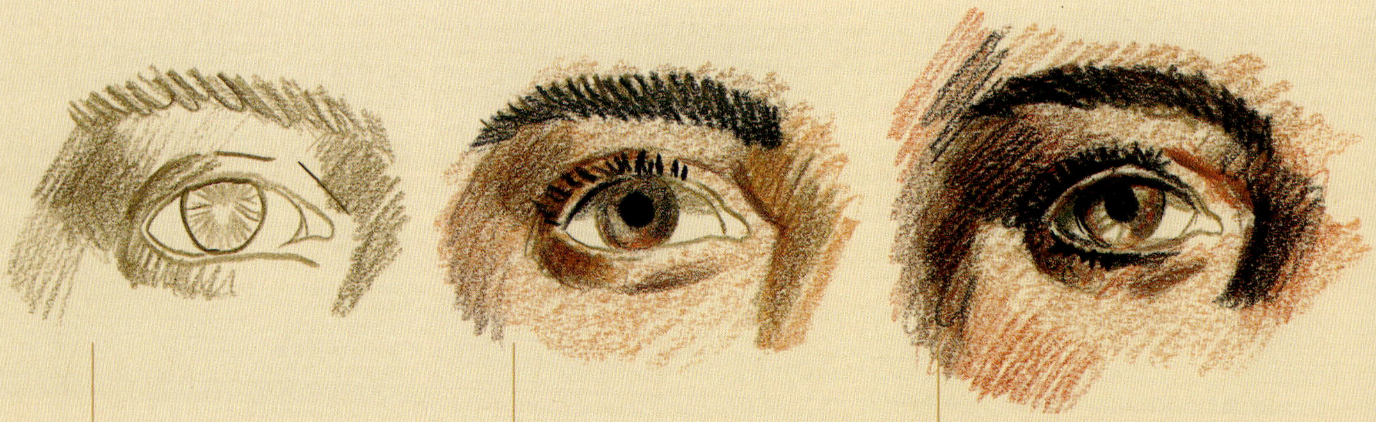

1. Le dessin de l'œil commence par un trait définissant l'iris, le contour des paupières et le sourcil.

2. Colorez chaque zone et ombrez les paupières et les extrémités de la cavité oculaire pour représenter le creux de cette zone.

3. Terminez les ombres en accusant les contrastes. Veillez à laisser une zone claire sur la partie interne, siège du canal lacrymal.

Le nez

Dessiné de profil, le nez ne présente généralement pas de difficultés. Mais de trois quarts ou de face, il faut prendre comme référence le contour ou l'ombre présente sur sa partie inférieure et les dégradés ou les reflets modelant ses ailes. La clé de son dessin, lorsqu'il n'offre pas un profil évident, consiste à reproduire ce jeu d'ombres et de lumières. La partie basse du nez étant toujours dans l'ombre, la pointe est toujours plus claire, ce qui souligne son relief. Enfin, il faut tenir compte du fait que la transition entre le nez et le front, sur les sujets jeunes, ne présente guère de démarcation, mais sur les plus âgés, elle peut se marquer d'un pli ou d'une ride très prononcée.

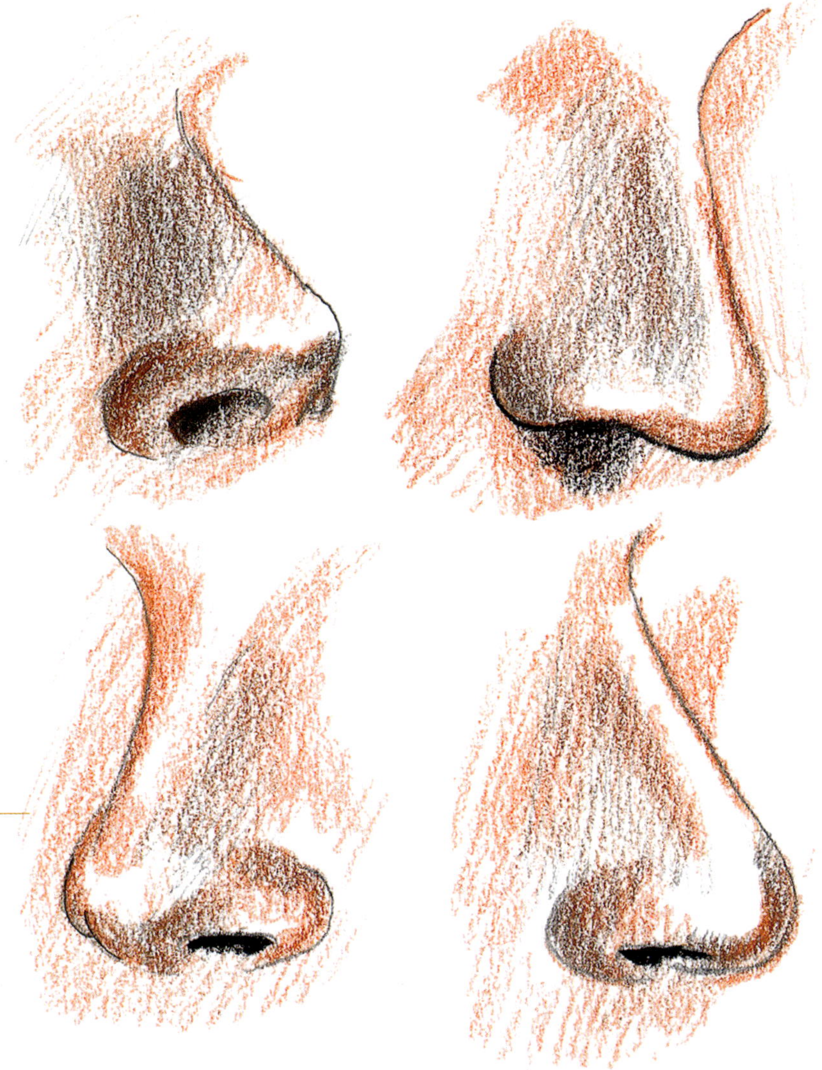

Le point de vue frontal accentue la difficulté du dessin, le profil laissant place à un jeu d'ombres et de lumière.

Dessinez le nez selon différents points de vue pour comprendre la difficulté que représente son dessin de face.

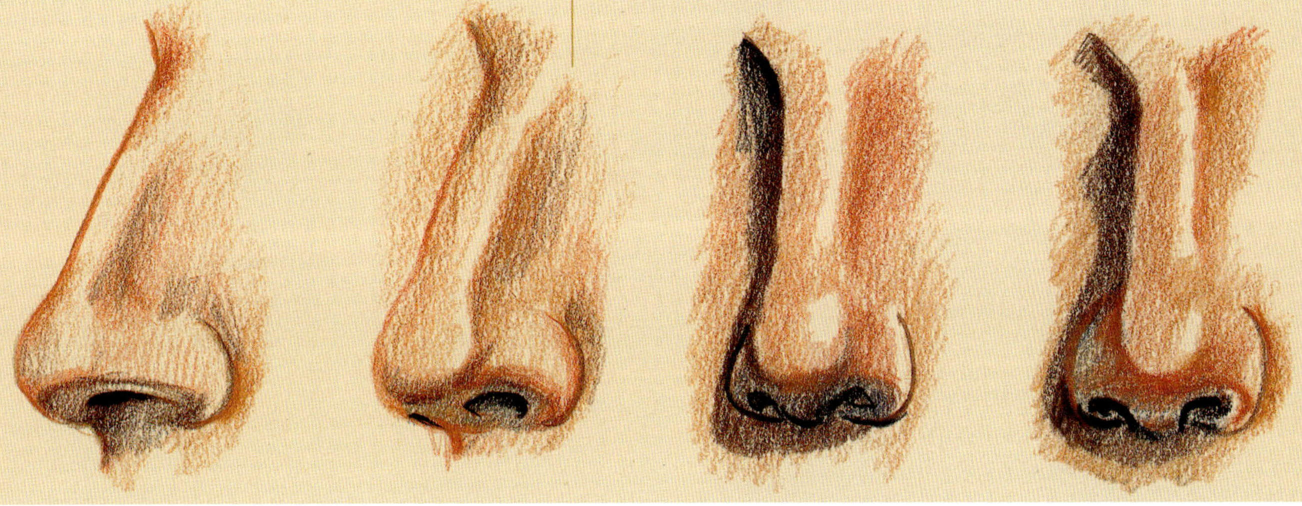

La bouche et les lèvres

La bouche est, avec les yeux, l'une des parties les plus expressives du visage. Si elle est fermée, elle est définie par une ligne courbe terminée par les commissures. La lèvre supérieure se distingue par le pli caractéristique sur sa partie centrale et elle est plus grande que la lèvre inférieure, laquelle est plus charnue et courbe. En dessinant des lèvres, on constate qu'il en existe plusieurs types : épaisses, fines, larges, minces, charnues, voluptueuses… Cette différence est surtout marquée sur le visage féminin. Il faut veiller à accentuer la variation de valeur entre lèvre supérieure et lèvre inférieure. La première, dans des conditions d'éclairage normales, est toujours plus dans l'ombre que la seconde. Le contour de la base de la lèvre inférieure est souligné par l'ombre projetée sur le menton.

La bouche de la femme est généralement plus petite que celle de l'homme, ses lèvres plus charnues et leur dessin plus sensuel.

Le sourire produit une tension et un amincissement des lèvres. La rangée de dents reste en blanc pour marquer la séparation entre elles.

Quand vous dessinez la bouche, figurez aussi la partie inférieure du nez et une partie du menton.

Les oreilles

C'est la partie du visage généralement la moins appréciée, notamment par les jeunes peintres. Pour exécuter correctement le dessin de l'oreille, il suffit de respecter sa structure fondamentale : une forme ovale et un volume concave. Vues de face, les oreilles sont une continuation du visage, mais, vues de dos, elles se trouvent dans le prolongement de la nuque. De plus, le relief interne complexe ne devrait poser aucun problème. De face, il faut noter l'important relief interne de l'oreille, mais attention, ses creux ne doivent pas présenter de nuances trop sombres, ils ne doivent pas ressembler à des trous, mais à un plan pictural.

Il est curieux de constater que nombre de jeunes artistes ont tendance à faire disparaître les oreilles, les transformant en l'un des éléments les moins considérés du visage.

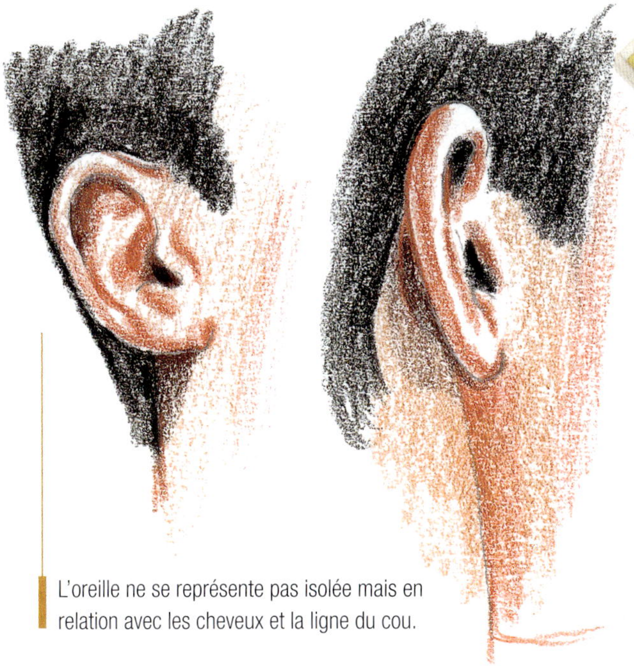

L'oreille ne se représente pas isolée mais en relation avec les cheveux et la ligne du cou.

Pour comprendre la forme de l'oreille, exécutez des études à partir de différents points de vue, car son apparence change alors substantiellement.

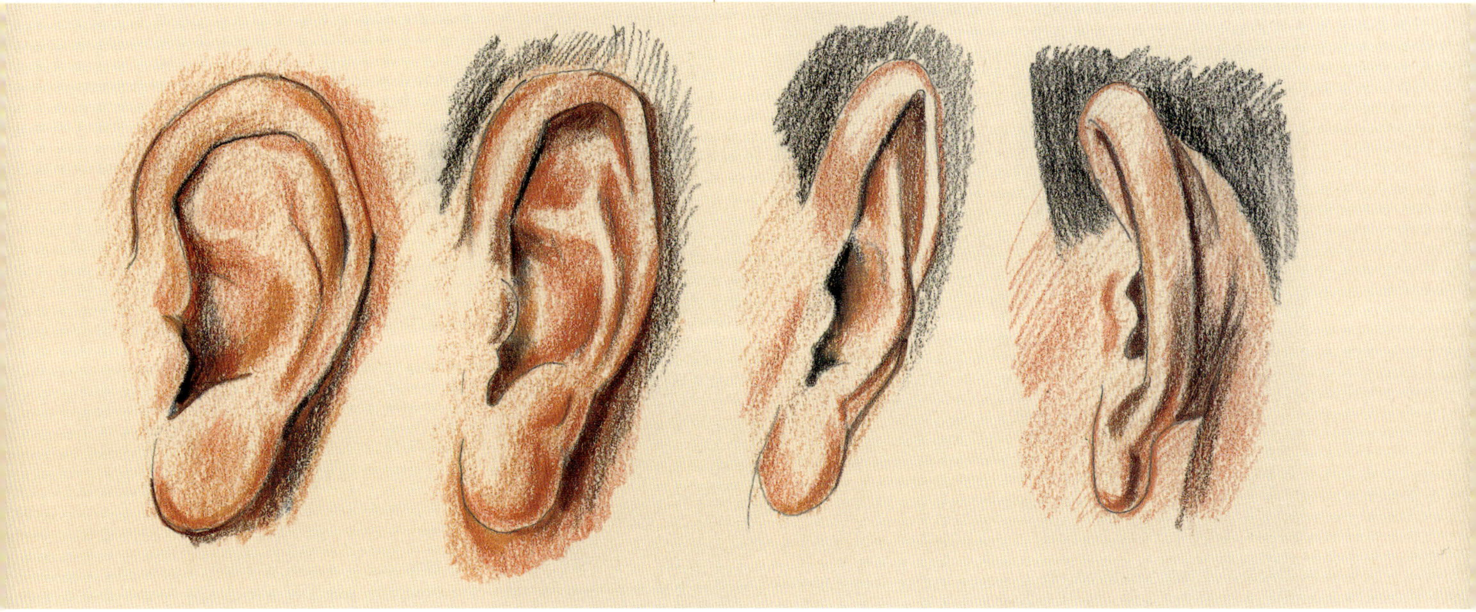

Réussir **la ressemblance**

Jusqu'à présent, il a été question de la représentation du visage en général et de ses différentes composantes, avec, pour l'artiste novice, de nombreuses solutions lui permettant de produire un schéma mental propre à exécuter le portrait d'un individu. Voici d'autres conseils visant eux aussi à réussir un portrait ressemblant, concernant surtout les aspects à ne pas négliger.

Mesurer et comparer

Pour bien placer les composantes du visage il faut « capter » la forme de chacune d'elles et les travailler une par une. Il convient de rechercher la perfection des traits, de reprendre le travail autant de fois qu'il le faudra jusqu'à obtenir la ressemblance, de relier les traits et de comparer constamment les distances afin de les ajuster sur le portrait. Ce processus est lent et exige maintes corrections, mais le résultat est vraiment gratifiant.

Une bonne mise en place, en mesurant correctement la position et la taille de chaque élément facial, est la clé de la ressemblance.

Caricaturer le modèle

Si un bon artiste se reconnaît à sa capacité de pénétrer l'esprit du modèle, il faut néanmoins essayer de saisir sa personnalité en observant les composantes du visage et, concrètement, ses irrégularités. Chaque individu se prête à une caricature qu'il faut percevoir. Le peintre doit être bon physionomiste et la saisir.

L'exagération d'une certaine attitude, voire la caricature de certains aspects du visage, peut s'avérer un bon instrument pour obtenir un portrait reconnaissable.

La posture de la tête et du corps

Il faut se fier à la posture de la tête pour individualiser le portrait. Le corps n'est pas lié à son mouvement. Avant de commencer, étudiez la physionomie du modèle, sa personnalité et, si besoin, exagérez-les ; un homme fort ne doit pas seulement paraître fort, il faut lui donner une allure herculéenne. En ce sens, la posture adoptée par le personnage doit correspondre à son âge (il existe des poses habituelles selon l'âge).

Les ombres adéquates

Ce ne sont pas les zones les plus éclairées et les rehauts qui permettent de reconnaître le modèle, mais les nuances intermédiaires et la force des ombres. Lorsque l'on construit le visage, il faut bien observer la limite entre les ombres et les tons intermédiaires. Il faut éviter l'excès de reflets et de rehauts lumineux d'une couleur rompant l'ensemble. Les portraits d'hommes peuvent être très marqués par des ombres contrastées leur donnant du caractère ; à l'inverse, les portraits de femmes doivent privilégier la lumière.

La position et l'orientation de la tête par rapport au corps sont très importantes, surtout pour les représentations en plan moyen ou en buste.

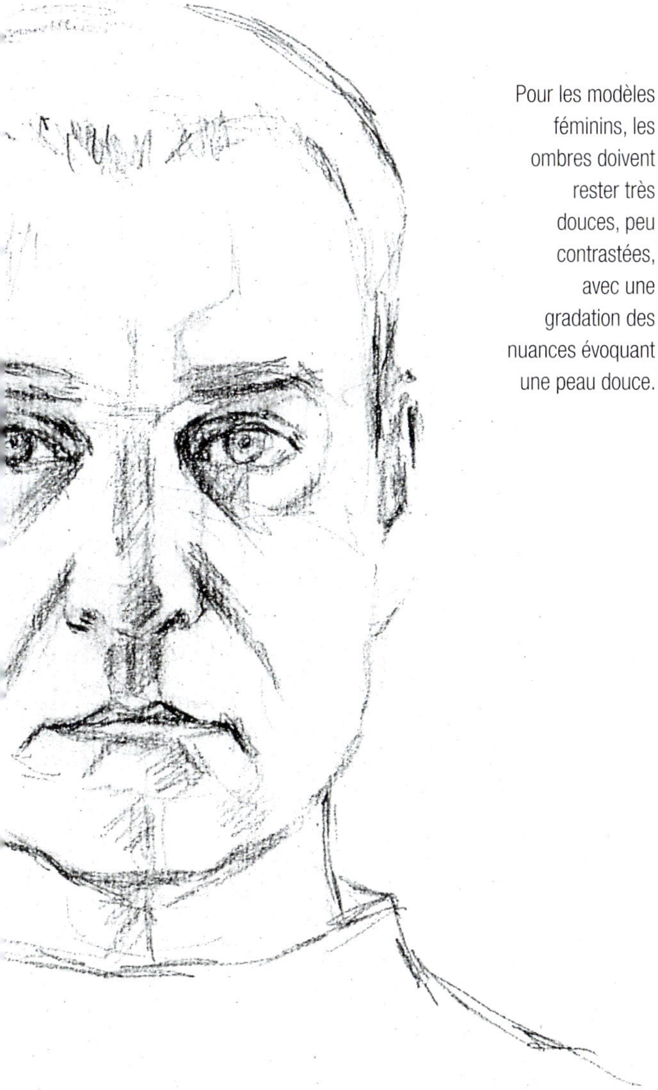

Pour les modèles féminins, les ombres doivent rester très douces, peu contrastées, avec une gradation des nuances évoquant une peau douce.

La représentation des enfants et des anciens

Les règles de construction de la tête humaine s'appliquent à la représentation classique d'un visage d'adulte; concernant la tête d'un enfant et celle d'une personne âgée, elles offrent des variations qu'il convient de signaler. La croissance rapide des enfants et les effets du vieillissement modifient considérablement la forme des yeux, du nez, de la bouche et des oreilles. L'observation attentive permet d'identifier ces variations pour mieux les rendre sur les portraits.

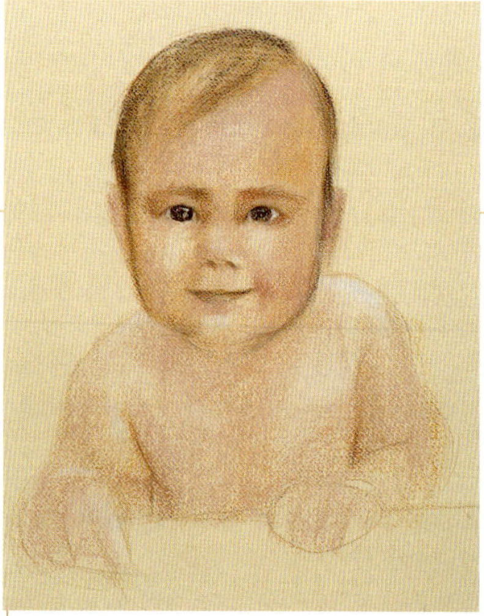

Les traits d'un enfant sont très fins et la peau est d'une grande douceur rendue par le modelé.

Les enfants ont un visage rond, de grands yeux, un nez plat et des joues rebondies.

Proportionnellement, la tête des enfants est exagérément grande par rapport au corps.

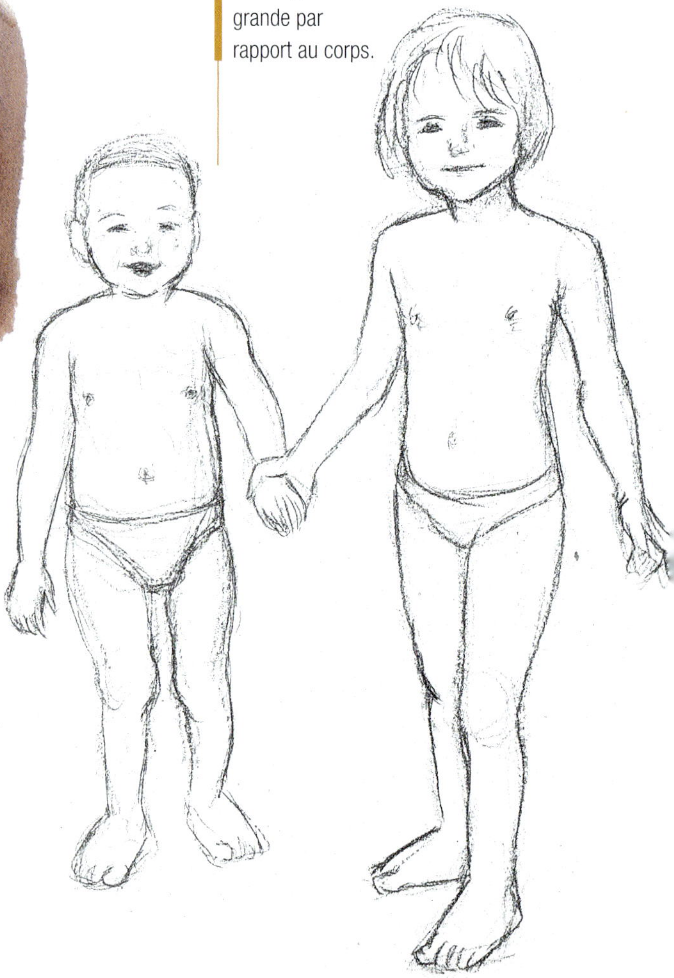

Le visage d'enfant

Les enfants ont la tête beaucoup plus volumineuse que le corps, proportionnellement à celle de l'adulte. Le visage, rond, présente aussi des différences morphologiques notables par rapport à celui de l'adulte. Le front est haut, dégarni, parfois un peu plus rebondi et proéminent. Les yeux sont grands et la distance qui les sépare est plus importante que chez un adulte. Les oreilles, un peu plus grandes en proportion, sont placées plus bas. Le nez est aplati, les narines plus visibles et le menton est arrondi et peu proéminent. La bouche est petite et charnue, les joues sont roses et rebondies.

Le portrait des anciens

La représentation de personnes âgées offre plus de possibilités artistiques que les autres portraits. Cela est dû à des traits plus marqués et au fait que les différentes composantes sont beaucoup plus évidentes, ce qui facilite le dessin et la construction du visage. Celle-ci respecte les règles relatives à la tête humaine, mais avec quelques particularités physiques à connaître : un front plus dégarni en raison d'une propension à la calvitie, un relief osseux sous-cutané du crâne plus visible, des tempes plus anguleuses, un affaissement des globes oculaires, une peau flasque et un relief accentué des pommettes. Tous ces éléments transforment le portrait en une expérience proche de la caricature.

Les rides creusées sur le front, autour des yeux et sur les joues sont l'occasion de forts contrastes d'ombre.

Le relâchement de la peau déforme le visage des personnes âgées, provoquant des poches sous les yeux et sous le menton.

Le visage est la partie du corps marquant le plus l'âge : la peau devient flasque, la structure du crâne plus visible.

Tête masculine **à l'huile**

Voici comment construire un visage masculin avec les différentes nuances de la peau. Le travail se fait à l'huile, avec une peinture peu diluée pour favoriser la fusion des nuances et le modelé des formes, créant de douces transitions lumineuses sur la peau. Le modèle offre un éclairage légèrement latéral projetant assez d'ombres pour découper clairement la volumétrie du visage.

Ce portrait respecte les règles de la composition classique : légèrement décentré, avec des ombres contrastées et un fond clair mettant la figure en valeur.

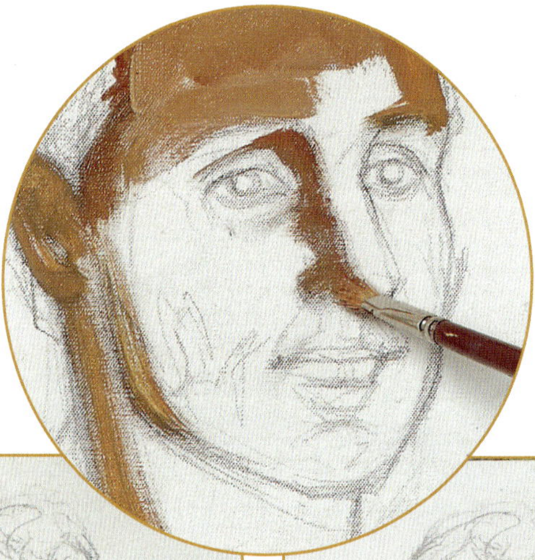

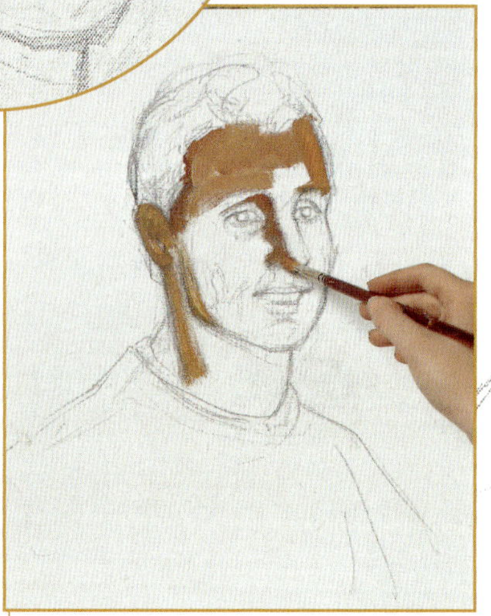

1. Dessinez au crayon le contour du buste et placez les traits du visage en veillant précisément aux proportions. Le crayon permet d'effacer et de rectifier autant de fois que nécessaire jusqu'à obtenir un portrait ressemblant.

2. Commencez par la peau et le modelé de la tête avec un mélange de terre de Sienne brûlée, d'ocre et de carmin en quantités variées selon les tonalités, plus ou moins claires ou sombres.

3. Les ombres ont une nuance rosée due à la présence majeure de carmin dans le mélange ; les zones plus claires des pommettes sont plus ocre. Les yeux et la bouche restent en blanc et seront traités ultérieurement en détail.

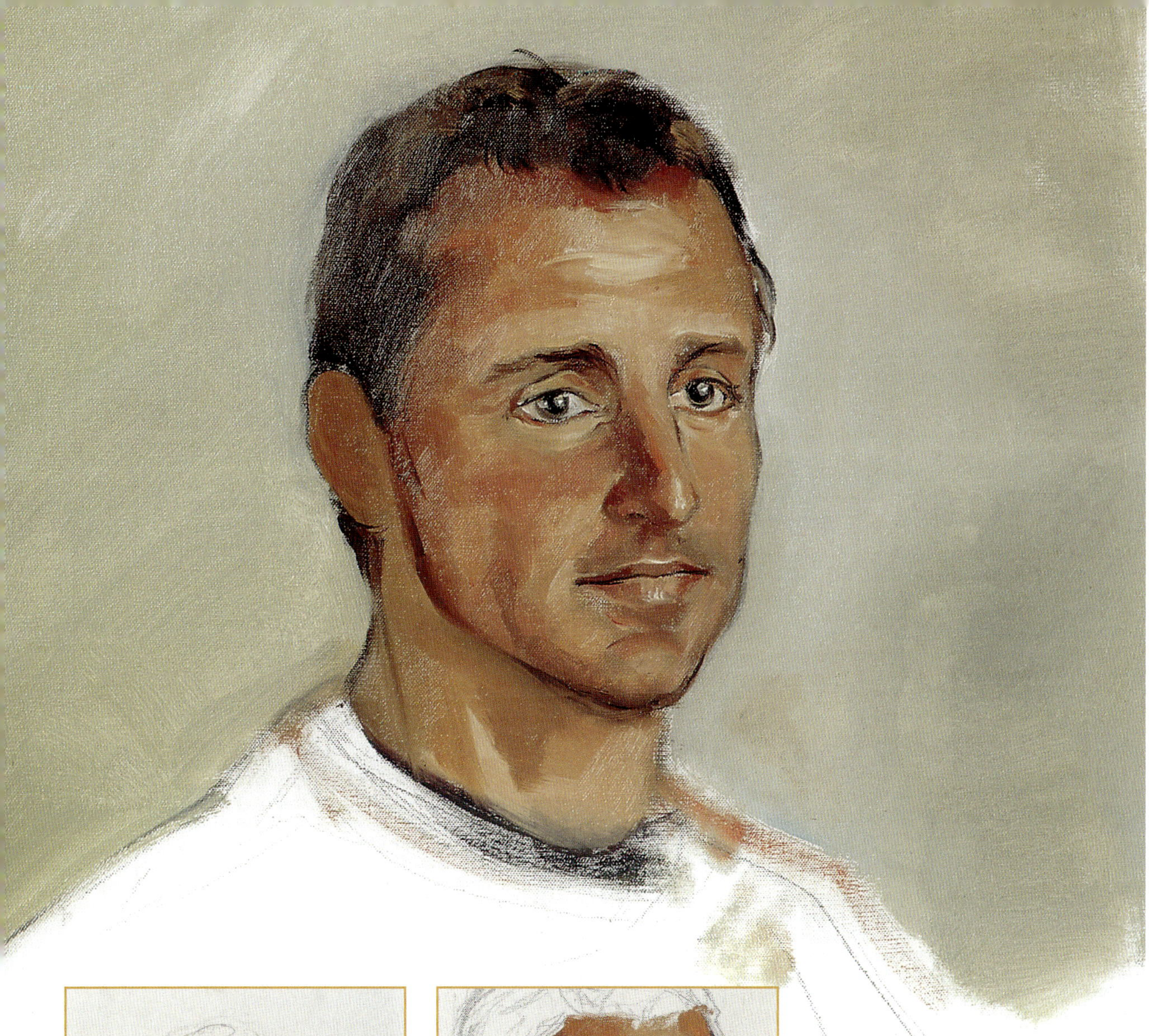

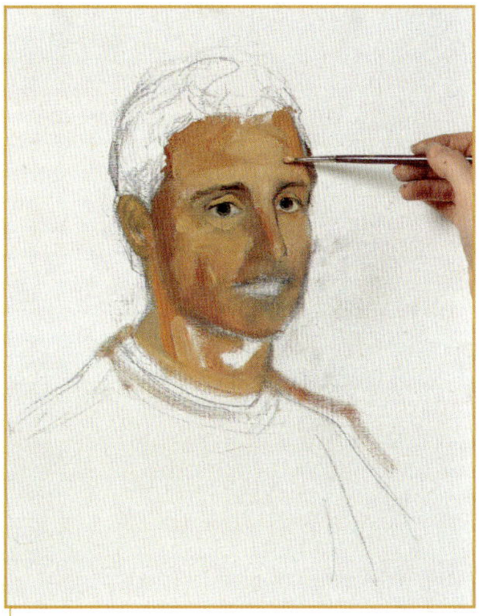

4. Éclairez le front avec beaucoup de blanc dans la peinture. La couleur est chaque fois plus épaisse. Avec un pinceau fin et de la terre d'ombre brûlée et du noir, précisez la forme des yeux et des sourcils, des zones très importantes pour obtenir la ressemblance et l'expression du portrait.

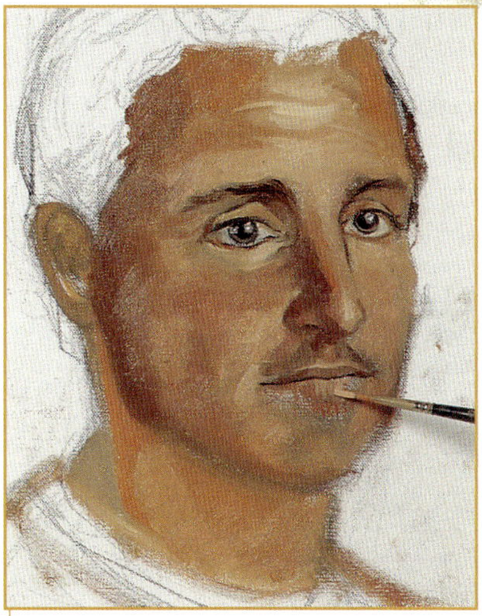

5. La mise en couleur de la tête est assez avancée et la peau apparaît avec ses tonalités naturelles. C'est le moment de traiter la bouche avec un pinceau fin. Commencez par le trait d'une commissure à l'autre, ensuite les lèvres ; la tonalité de la lèvre inférieure doit être plus claire que celle de la lèvre supérieure car elle reçoit plus de lumière.

6. Préparez un gris homogène et couvrez-en tout le fond. Il reste à peindre les cheveux pour terminer la tête, avec de la terre d'ombre brûlée, du noir et du Sienne. Avec cette même couleur, soulignez le contour sur le fond gris-vert afin d'obtenir un fini satisfaisant. La chemise n'est pas peinte pour donner un aspect ébauché au résultat.

La construction du visage **par touches**

Il ne faut pas se laisser impressionner par le respect associé au genre, mais essayer de rendre le visage du modèle féminin par des touches de nuances différentes, fondues au pinceau jusqu'à obtenir le modelé de la peau. Considérez donc cette huile comme un test, une mise en pratique de la construction du visage et de la maîtrise de la couleur visant à étudier l'incidence de la lumière et le volume d'une tête vue de face. Bien entendu, faire un portrait sans une maîtrise suffisante du dessin peut aboutir à un échec, mais le mieux pour apprendre est de se concentrer, pour le moment, sur le processus d'application de la couleur et l'orientation des coups de pinceau.

Le portrait peut être facilité par un éclairage latéral, le visage offrant alors plus de contrastes ente ombre et lumière.

1. Dessinez les formes principales au crayon graphite, en allant toujours du général au particulier. Commencez par la structure de base du visage, en cherchant les angles les plus marqués, les masses et les formes. Ce n'est qu'après avoir bien situé ces éléments que l'on aborde les détails.

2. Appliquez les premières touches avec soin, sans masquer le dessin qui doit rester visible jusqu'à ce que le portrait soit bien avancé. Procédez donc par petites touches avec un pinceau fin, en évitant de déborder sur les traits.

3. Préparez une couleur chair rosé à partir d'un mélange de carmin, de blanc et de terre de Sienne brûlée, et appliquez-la sur la zone du visage dans l'ombre. Ajoutez un peu de terre d'ombre brûlée et plus de Sienne pour insister sur l'ombre du nez. Les variations de couleurs, comme le jaune du front, sont fondues avec les touches antérieures.

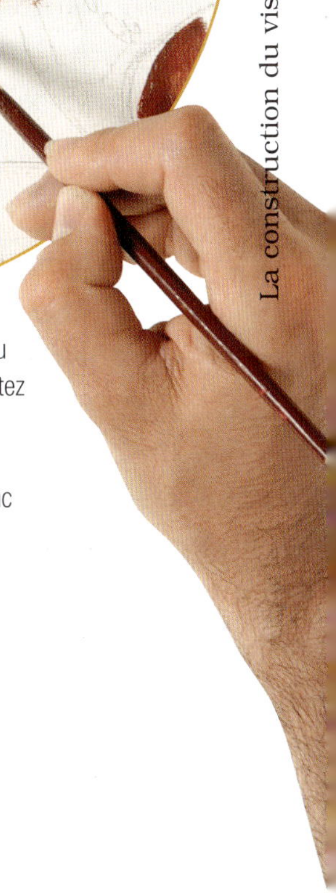

4. Poursuivez en peignant les zones sombres de la peau avec de la terre de Sienne brûlée. Sous le menton, ajoutez un peu de terre d'ombre brûlée pour mieux souligner sa forme et le cou. Avec un ton rosé, peignez les zones plus claires de la peau en laissant pour l'instant en blanc les parties les plus éclairées du visage.

5. Esquissez les cheveux avec de la terre de Sienne naturelle mélangée avec de la terre d'ombre brûlée. Attention, les touches doivent respecter le sens du tombé des cheveux. Pour l'instant, le vêtement est laissé de côté, seuls la recherche de la couleur de la peau et l'effet de volume du corps sont traités.

6. Les détails ne sont pas ignorés jusqu'à la fin et peuvent se traiter progressivement, à mesure que les touches progressent. Avec un pinceau rond à la pointe marquée, tracez la forme des yeux avec des touches sombres, un mélange de violet et de terre d'ombre brûlée. Tracez l'arc des sourcils en douceur et la forme des yeux avec une teinte plus soutenue et plus contrastée.

7. La couleur de la zone plus éclairée du visage s'obtient à partir d'un rose éclairci avec beaucoup de blanc. Sur le bras, différenciez clairement les trois nuances utilisées pour la peau ; il s'agit de trois bandes diagonales pas encore fondues. Inutile de vous dépêcher pour fondre les couleurs, mieux vaut le faire progressivement.

8. Avec un pinceau sec, passez sur les zones de peau les plus éclairées du cou et du bras pour augmenter le contraste avec l'ombre. Les couleurs se fondent en caressant la peinture fraîche avec le pinceau. Marquez les zones d'ombres du vêtement avec un mélange de violet, de blanc et de terre de Sienne naturelle. Les touches doivent suivre les plis naturels du vêtement.

9. Peignez de tons beiges les zones éclairées du vêtement. Traitez la peau du bras droit, cette fois avec des couleurs plus chaudes, ce qui signifie plus d'ocre jaune dans le mélange. Pour l'ombre, utilisez un brun rougi produisant un dégradé avec la couleur antérieure et donnant du volume et un aspect cylindrique au bras.

11. Peignez le fond avec un vert permanent nuancé d'une pointe d'ocre et de blanc. Ce fond presque uni fait ressortir la peau et projette la figure hors du cadre, soulignant la forme. La chaise reste ébauchée, non peinte, tout comme la partie inférieure du portrait. C'est une solution plastique.

10. Le portrait est presque fini. Peignez les mèches de cheveux plus claires avec de l'ocre et ajoutez quelques touches légères sur le visage. Ces derniers apports de couleur sont très ponctuels, avec une peinture très épaisse.

Enfant à l'aquarelle

Le portrait d'un enfant diffère beaucoup de celui d'un adulte. Le visage n'a pas les traits aussi marqués. Sa forme est plus ronde, la tête est plus grande en comparaison avec le reste du corps, le nez est plat, les pommettes et le menton sont moins proéminents, les membres sont plus trapus et les mains plus courtes et potelées. Il faut bien avoir tout cela en tête au moment d'exécuter le dessin préliminaire au crayon, pour que le résultat corresponde à la réalité. Et tout cela doit être associé à un bon rendu de la peau et du vêtement. On utilise ici l'aquarelle.

Le but est de réaliser le portrait d'une fillette portant un vêtement rayé, à l'aquarelle, sur un dessin préalable au crayon.

1. Dessinez finement le contour au crayon. Puisqu'il s'agit d'aquarelle, donc de voiles colorés, le dessin initial servira de référence durant tout le processus de coloration. Certaines parties, comme les cheveux, restent inachevées car il s'agit d'une zone peu caractéristique, qui sera traitée directement au pinceau.

2. Placez les tons structurels fondamentaux sur la peau du visage et sur le sac bleu, avec un mélange d'ocre et de terre de Sienne naturelle d'une part et d'un bleu de cobalt de l'autre. Sur le premier voile uniforme du visage encore humide, ajoutez l'ombre avec de la terre d'ombre brûlée.

3. Sur la couleur sèche, ajoutez d'autres voiles pour foncer les ombres sur la peau du visage et du bras ; sur le visage, on voit l'ombre de la région oculaire. Placez les ombres principales du vêtement avec du gris de Payne.

4. Préparez un voile de gris de Payne avec une pointe de vert sombre et couvrez-en le fond, en alternant couleur dense et couleur très diluée, pour obtenir une répartition irrégulière de la couleur. Inutile d'éviter les contours de la tête puisqu'il faudra peindre les cheveux.

La solution des réserves

Avant d'appliquer une couleur, il faut savoir si l'on va placer des réserves à la gomme ou à la cire, les deux solutions étant répulsives pour l'eau de l'aquarelle. Tout aquarelliste dispose de plusieurs cires de couleur pour masquer certains détails qui resteront inchangés durant l'exécution de l'œuvre.

6. Pour les rayures du vêtement, utilisez un pinceau plat moyen chargé d'un mélange de bleu et de gris de Payne. Les rayures ne sont pas traitées avec un seul ton : pour les zones éclairées, le gris est plus bleuté et clair et les lignes sont plus fines ; pour les zones sombres, le gris se voit ajouter un peu de carmin et le trait est plus épais.

7. L'arrière-plan semble indéfini, ce qui contribue à centrer l'attention sur le visage de la fillette. Avec deux tons bleu ou violet, enrichissez les ombres du sac bleu et de la figure de bois que la petite tient à la main. Le résultat est suggestif et spontané, sans détails ni abus de couleurs.

5. Peignez les cheveux avec un mélange de terre de Sienne brûlée et de terre d'ombre brûlée. Les touches doivent respecter l'orientation ondulante des mèches sans couvrir complètement le gris du fond. Ensuite, dessinez les yeux avec un pinceau pointu.

Portrait dessiné **à l'aquarelle**

Lorsque l'on peint un portrait, les touches de couleur masquent généralement le dessin initial. L'exercice proposé ici repose sur le dessin comme principe directeur de l'œuvre, conçu comme un guide, une structure qui, non seulement sera visible jusqu'au bout, mais que les apports de voiles colorés soulignent et accentuent. Ainsi, à mesure que l'on ajoute les couleurs, le dessin est souligné de traits au pinceau fin, qui lui donnent une présence permanente, discrète et décisive dans les phases finales.

Le modèle est une figure masculine en intérieur dans une pose naturelle et sans contrastes remarquables.

LA RÉPÉTITION DE TRAITS DE COULEURS DIFFÉRENTES CRÉE UN EFFET TRÈS LIBRE.

1. Pour dessiner, concentrez-vous sur la structure : les formes de base du corps, la position des bras et surtout le schéma de la tête. Avec un pinceau rond très fin chargé de gris de Payne, repassez sur les traits de crayon.

2. Les premières touches mettent en place la position des mains, les plis et les contours de la chemise. Les voiles se font dès le départ avec une gamme très restreinte de couleurs : gris de Payne, violet et terre d'ombre brûlée.

3. Dessinez la tête avec du Sienne et de la terre d'ombre brûlée et confirmez les traits du visage. Peignez les cheveux avec quelques touches gribouillées. Employez un gris de Payne pour colorer le fond d'un voile irrégulier pour mettre la figure en valeur.

4. La tête est la partie la plus travaillée de l'œuvre, le fond se construit avec d'amples voiles et traits saturés réalisés à la peinture peu diluée ; quelques lignes suffisent pour suggérer les meubles en arrière-plan. Avec un mélange de terre d'ombre brûlée et de gris de Payne, soulignez les zones plus sombres de la figure.

6. Pour la dernière étape, la préoccupation majeure consiste à donner forme au corps avec des voiles de plusieurs tons de violet, appliqués avec un pinceau plat et une grande liberté de mouvements. Pour les yeux, utilisez un pinceau rond fin et une légère touche bleutée. Enfin, dessinez avec soin le contour inférieur des moustaches.

5. Les cheveux sont peints au gris de Payne très saturé avec, pour quelques zones, un peu de terre d'ombre brûlée. Les coups de pinceau doivent évoquer les boucles et le mouvement des cheveux et de la barbe. Les traits restent à moitié ébauchés avec quelques touches de couleur brune qui sont ajoutées progressivement.

Portrait d'un **vieil homme**

Pour finir, voici le portrait d'un vieil homme, exécuté dans un style très expressif, autorisant les déformations et une grande marge de liberté pour l'application des couleurs. Les anciens se prêtent à ce genre d'interprétation car leurs traits sont plus expressifs, les rides plus marquées, et on voit mieux la structure osseuse sur le visage et les mains. Ici, on a choisi l'huile; on peut néanmoins obtenir un résultat similaire avec l'acrylique ou la gouache.

Le modèle choisi est un homme d'âge respectable ; un sujet ouvert à nombre d'options créatives.

1. Couvrez la toile de couleurs lumineuses et très diluées : vert de cadmium, bleu outremer et ocre. Ébauchez la figure au fusain, à grands traits, sans attendre que la peinture soit sèche.

2. Complétez le croquis avec un pinceau chargé de bleu éclairci avec du blanc. Précisez la partie supérieure du corps et marquez les traits du visage. Le dessin a été exécuté avec une certaine liberté et, pour styliser la figure, on a élargi un peu la tête et le corps.

3. Construisez le visage avec des nuances douces et opaques et donnez-lui du volume avec des touches amples et plates. La moitié éclairée est colorée d'ocre et de jaune, la moitié dans l'ombre avec des touches aux tonalités violacées.

5. Le travail se concentre sur le visage. Peignez l'oreille de couleurs rosées, la région des yeux à grandes touches marquant les poches, et les cheveux avec un rose pâle. Le fond est traité en deux moitiés : la gauche, plus éclairée, avec un blanc mêlé d'ocre, la droite avec un bleu éclairci au blanc.

4. En peignant le visage ou en couvrant la veste de bleu, laissez de petits espaces entre les coups de pinceau afin que certaines couleurs du fond servent de point lumineux sur le visage, les cheveux et les vêtements. La veste est traitée avec trois nuances différentes de bleu et ses plis sont représentés de façon très sommaire.

6. Peignez les plis de la veste avec un outremer foncé, sommairement, sans entrer dans les détails. Les mains semblent surdimensionnées, prennent une grande place et donnent du caractère au modèle. Les couleurs du visage, très différentes des bleus qui l'entourent, guident le regard du spectateur jusqu'à lui, qui forme un puissant centre d'intérêt.

IL EXISTE AUTANT D'INTERPRÉTATIONS DE LA FIGURE HUMAINE QUE D'ARTISTES. IL CONVIENT CEPENDANT DE FAIRE DES DISTINCTIONS SELON LA COULEUR, LA FORME, LE DESSIN, ETC.